Franz Karl Ludwig Steinmeyer

Studien über den Brief des Paulus an die Römer

Franz Karl Ludwig Steinmeyer

Studien über den Brief des Paulus an die Römer

ISBN/EAN: 9783743431003

Hergestellt in Europa, USA, Kanada, Australien, Japan

Cover: Foto ©ninafisch / pixelio.de

Manufactured and distributed by brebook publishing software
(www.brebook.com)

Franz Karl Ludwig Steinmeyer

Studien über den Brief des Paulus an die Römer

Studien

über den

Brief des Paulus an die Römer

von

F. L. Steinmeyer

I

Der Apostel Paulus und das Judenthum
Römer 9 bis 11

BERLIN 1894

VERLAG VON WIEGANDT UND GRIEBEN

Der Apostel Paulus

und das Judenthum

von

F. L. Steinmeyer

BERLIN 1894

Verlag von Wiegandt und Grieben

INHALT.

Der Apostel Paulus und das Judenthum

Einleitung.

1. Das Motiv der Betrachtung.

Mit einer Versicherung an ihrer Schwelle führt die vorliegende Schrift sich ein. Allerdings hat es dieselbe mit dem Judenthum zu thun; aber weit ist sie davon entfernt, in diejenigen Verhandlungen einzugehen, welche, was das in Rede stehende Volk betrifft, in unserer Gegenwart zu dem Niveau von brennenden und entscheidenden Fragen emporgestiegen sind. Zwar auch wir könnten uns niemals zu der Forderung verstehen, als müssten die bitteren Klagen, die schweren Beschuldigungen, die in steigender Progression nahezu zu einer Einmüthigkeit gediehen sind, als müssten sie in derjenigen Gelassenheit und Duldsamkeit verstummen, die allerdings des Christen Pflicht und Ehre ist. Zu flagrant sind die Uebergriffe, die wir erleben, zu bedrohlich sind die Symptome einer Herrschsucht, welche ungemessen in ihren Ansprüchen ihre Ziele fest in's Auge zu fassen und sie in einer wohl überlegten Praxis zu verfolgen versteht. Gastfrei hat das deutsche Volk einer fremden Nation die Pforten seiner Heimath aufgethan. Das gewährte Gastrecht hat das Gelüste nach der Stufe des Bürgerrechts zur Folge gehabt. Sie ist erreicht worden, diese Stufe, und durch Mittel, denen die Gesetzgebung

1

die freieste Bewegung verstattete, wurde die Errungenschaft
in ausgiebigstem Masse ausgenutzt. „Aluimus in sinu ser-
pentem": diese bittere Klage brach einst in einem tief
schmerzlichen Falle aus dem Munde des Melanchthon hervor.
Berechtigter kann dieselbe Klage nicht seyn, als wenn sie zur
Zeit im volltönenden Gleichklang dem modernen Judenthum
gegenüber erhoben wird. Nicht bloss zahlreiche Einzelne.
welche sich geschädigt und übervortheilt sehen, sondern ganze
Schaaren nahezu vernichteter dem Ruin verfallender Existenzen
aus allen Schichten und Ständen finden wir zu einem bangen
Nothschrei vereint. Es ist, als wäre das Apostelwort in seiner
Erfüllung begriffen „αἱ βοαὶ τῶν θερισάντων εἰς τὰ ὦτα τοῦ
κυρίου Σαβαὼθ εἰσελήλύθασιν" (Jak. 5, 4). Was Wunder,
wenn da die unterdrückte Kraft sich elasticirt, wenn das Interesse der Selbsterhaltung mächtig und immer mächtiger erwacht! Was Wunder, wenn der Aufruf zu einem Kampfe.
nicht der Abwehr und des Widerstandes allein, sondern zugleich eines ernst beharrlichen Angriffs, den Adel deutscher
Nation in allen seinen Gliedern durchtönt! Allein an Eine
Stelle wendet sich dieser Aufruf, wie dringend er immer an
sie ergehen mag, ohne den gewünschten Erfolg. Die christliche
Theologie und das eng mit derselben verbundene Amt, sie
beide nehmen ihm gegenüber eine äusserst kühle reservirte
Stellung ein. Sie wahren die Schranken ihrer Competenz, sie
weichen von ihrer Fahne nicht. Auch sie haben ihren Kampf,
ja in unablässigem Streite vollendet sich ihr Lauf; allein nicht
in derjenigen Sphäre ist die Stätte desselben belegen, innerhalb deren die gegenwärtige Fehde wider Israel sich vollzieht.

Aber vielleicht, dass eine noch entlegenere Frage im
Rechte ist. Hat die Kirche Jesu es sey die Pflicht oder

mindestens einen Anlass. ist sie überhaupt nur in der Lage,
dass sie in einen eigentlichen Kampf gegen das Judenthum zu
treten vermag? Es handelt sich um einen Kampf. Ein
Gegner, ein gerüsteter gewappneter Feind, dessen es sich zu
erwehren. welchen es zu überwältigen gilt, ein solcher bildet
die Voraussetzung, auf welche der Begriff sich basirt. Trifft
die Voraussetzung zu, wenn dieser Massstab sich an das
Judenthum legt? Ist doch dasselbe ein überwundener, vom
Gottesgericht ereilter, machtlos und seiner σκῦλα beraubt zu
Boden gestreckter Feind! „Eingegraben ist die Sünde Juda
mit eisernen Griffeln und mit spitzigen Demanten auf die
Tafeln ihrer Herzen und auf die Hörner an ihren Altären“:
so weissagt der Prophet. „Ich gehe hinweg und ihr werdet
dahinsterben in eurer Sünde“: so drohet der Herr. „Jetzt
gehet das Gericht über die Welt, jetzt wird ihr Fürst entthront“.
Und dahin lautet das vernichtende Urtheil von Seiten des
Apostolats „ihr habt den Heiligen und Gerechten verleugnet,
ihr habt den Fürsten des Lebens getödtet und für den Mörder
entschied sich euer Bittgesuch“. Angesichts eines Feindes.
welcher diese Niederlage erlitten hat, greift ein Kampf, der
den Sieg erst erringen will, nicht weiter Platz; der Sieges-
triumph über denselben ist von vorn ab und für alle Zeit
perfekt. Vor allem hat die Kirche Christi zu einem Kampfe
dieser Art kein Motiv. Sie hat ihre Feinde, und sie kennet
sie. Sie hat ihre Waffen und sie verwendet sie. Aber ihre
Rüstung ist von sonderlicher Art. „Die Waffen unserer Ritter-
schaft sind nicht fleischlich, sondern das Wort der Wahrheit,
die Kraft Gottes, hat uns zur Rechten und zur Linken bewehrt.“
„Ἐν σαρκὶ περιπατοῦντες οὐ κατὰ σάρκα στρατευόμεθα“
(2 Cor. 10, 3). Nur gegen geistige Mächte, nicht gegen die

ὀχυρώματα τῆς σαρκός, tritt die Kirche in den Kampf. Un-
gleiche Waffen kreuzen sich nicht. Nur πνευματικά können
einander im gegenseitigen Streite gegenüberstehen. Als der
Herr in den Tagen seines Fleisches wirkend und lehrend in
Israel erschien. da allerdings hat er die Antilogie von Seiten
der Sünder zu erdulden gehabt. Es war diess ein unerläss-
liches Moment in dem Stande seiner Erniedrigung (vergl.
Röm. 15, 3). Wahrlich, es kann kein mildes Urtheil seyn.
welchem der Ton und der Gehalt dieses Widersprechens verfällt. Dass dessen Mittel inzwischen dem Gebiete des Geistes
entstammen, so viel will in irgend einem Sinne eingestanden
seyn. Von daher erklärt sich die unermüdete Geduld, die
Sanftmuth und Herzensdemuth, mit welcher der Herr seinen
Widersachern die Waffen ihres Streits entwunden und nicht
selten mit überraschendem Erfolge verleidet hat.[1] Geändert
hat sich indess die Lage der Sache. nachdem Jesus von den
Todten auferstanden war. Der Widerspruch behielt wohl
seinen ungeminderten Bestand: aber dessen Begründung und
Rechtfertigung fiel allmählig hinweg.[2] Wie aus vornehmer

---

[1] „Wir sind Mosis Jünger und ihm bleiben wir treu.“ „Aber
eben der Moses, auf welchen ihr hoffet, der wird euch verdammen,
denn Er hat von mir gezeugt.“ Die einzelnen Argumente, welche
die Pharisäer zur Rechtfertigung ihres Unglaubens zur Geltung
brachten, hat der vierte Evangelist uns in wohlverstandenem Interesse mitgetheilt. Vgl. Joh. 7, 41. 42; Cap. 9. 16; Cap. 12, 34.

[2] Von einem schwachen Versuch dieser Art erstattet die
Apostelgeschichte (Cap. 6, 9) uns Bericht. Recht durchsichtig ist
diese Erzählung freilich nicht. Ueber die Schulen der Libertiner,
der Cilicier und Asiaten ist etwas Kanonisches zur Zeit noch nicht
erbracht. Vermuthlich waren es ausserjüdische hellenistische Mittel,

Höhe schaute das Judenthum fortan auf die siegreich erblühende christliche Kirche herab. Sie zu ignoriren, sie mit Verachtung zu strafen, das war die Taktik, zu welcher dasselbe sich entschloss.[3] Irgendwie nahm Israel den gewagten Schritt zwar zurück, es trat noch einmal in dem verlassenen Kampfplatz auf. Aber vergebens hat sich das von Gott gerichtete und gezeichnete Volk zu einem erneuerten Geisteskampf zu ermannen versucht.[4] Dessen Misserfolg war mit Sicherheit

welche Israel zu seiner Hülfe herbeigerufen hat. Man leistete bald auf diesen Sukkurs Verzicht. Man konnte der σοφία und dem πνεῦμα eines Stephanus auf die Länge nicht widerstehen. Die rohe Gewaltthat bot sich als ein bequemeres zweckmässigeres Mittel dar, und man machte von demselben Gebrauch.

[3] So beurtheilen wir die Antwort, welche die Vorsteher der Synagoge zu Rom dem Paulus auf seine Frage entbieten. „Wir haben Nichts von dir gehört; wir haben nur Kunde von dieser αἵρεσις, und wir wissen, dass derselben πανταχοῦ widersprochen wird.“

[4] Die hohen Schulen zu Jamnia und Tiberias haben diesen Versuch gemacht. Von ihrem Standpunkt haben sie das Menschenmögliche gethan. Was ihre Leistungen betrifft, so unterliegen sie dem Urtheil des Herrn „ἠκυρώσατε τὸν λόγον τοῦ θεοῦ διὰ τὴν παράδοσιν ὑμῶν“ (Mtth. 15, 6). Als ἐντάλματα ἀνθρώπων hatte sie schon die prophetische Weissagung (Jes. 29, 13), und als στοιχεῖα τοῦ κόσμου, als eine κενὴ ἀπάτη, hat sie der Apostel charakterisirt. Man spricht von Mysterien, von einer geheimen Lehre, die in den Blättern des Talmud beschlossen sey. Sie wolle endlich ermittelt und dem christlichen Volke im Interesse der Warnung bekannt gegeben seyn. Allein wo Nichts ist, da wird auch ein scharfes Auge Etwas zu entdecken ausser Stande seyn. „Ἡ ἄνοια αὐτῶν ἔκδηλος ἔσται πᾶσιν.“ „Μὴ νοοῦσιν μήτε ἃ λέγουσιν μήτε περὶ τίνων διαβεβαιοῦνται“ (1. Timoth.

vorauszusehen. Er war wie ein letztes Wort, welches die Geschichte auf diesem Gebiete gesprochen hat. So ist sie denn klar, die Stellung, welche die Kirche einer bedenklichen Strömung gegenüber zu bewahren hat. Ihrem Berufe zufolge bleibt sie einer Sphäre fern, die nur das vergängliche Wesen dieser Welt betrifft, und ihrer Würde eingedenk nimmt sie einen Streit nicht auf, welcher von Seiten der höchsten Instanz seine endgültige Entscheidung empfangen hat. Aber wenn es sich denn so verhält, warum erbitten wir uns für diese Frage noch das Wort? und welchem Motive wird die gegenwärtige Schrift gerecht?

Sie hat ihr Motiv, und dessen Drange giebt sie nach. Ob dieser Impuls sich auf Rechnung der Streitverhandlungen der Gegenwart schreibt, das beruhe durchaus auf sich. Denn auch an und für sich befindet derselbe sich im Recht. Einzig im ganzen weiten Umfange der Geschichte war die Erscheinung des Judenthums. Der El Schaddai, der lebendige allmächtige Gott hatte κατ᾿ ἐκλογὴν τῆς χάριτος αὐτοῦ diess Volk vor allen Nationen der Erde zu seinem λαὸς περιούσιος, zum Träger seiner Gedanken und Pläne ausgewählt. Dessen Väter hat er berufen, deren Nachkommen hat er in Gerechtigkeit und Gnade von einem Siege zum andren geführt. Eine λατρεία, eine μόρφωσις τῆς γνώσεως καὶ τῆς ἀληθείας hat er ihnen übermacht, und Verheissungen wurden ihnen zu Theil, die dem tiefsten Schacht der Gotteshuld entsprungen sind. „Πολὺ κατὰ

1, 7). Es verhält sich um diese Mysterien genau so wie um den Vorhang, welcher die jüdische Synagoge schmückt. Man schlägt ihn zurück: und nichts als eine absolute Leere kommt dem spähenden Auge zu Gesicht.

πάντα τρόπον ἐστὶν τὸ περισσὸν τοῦ Ἰουδαίου. Ἐπιστεύθησαν γὰρ τὰ λόγια τοῦ θεοῦ". Aber mit der auszeichnenden κλῆσις ging eine verantwortliche Verpflichtung Hand in Hand. „Es ist kein Gott in allen Landen, denn allein in Israel": in diess Bekenntniss brach der Feldhauptmann Naëman aus, als er in den Fluthen des Jordan genesen war. Indessen nicht hier einmal und dort einmal, sondern überallhin sollte Zion eine gute Botin an die Völker seyn. Wahr werden sollte das Herrnwort, das der Mund des Propheten gedeutet hat „herrlich werden soll mein Name unter den Heiden, herrlich am Aufgang, herrlich auch am Niedergang" (Mal. 1, 11). Und das auserwählte Volk hatte die Mission der Verwirklichung der Gottesabsicht empfangen. Es hat sie nicht verstanden, es hat sie nicht vollführt. Und die Nemesis brach herein. „Μηκέτι εἰς τὸν αἰῶνα ἐκ σοῦ μηδεὶς φάγοι καρπόν" (Marc. 11, 14): so richtet der Herr kraft seiner letzten erschütternden parabolischen Wunderthat. Israel verlor sein Amt und die Kirche Christi trat als dessen Erbin ein. Denn diese Kirche hat der Apostel im Sinne, wenn er (Röm. 10, 18) schreibt: ausgegangen in alle Lande ist ihr Schall, und ihre Worte in alle Welt.[5] Um seine Mission war Israel gekommen; aber selbst seine Existenz trat in Frage, sie war mindestens bedenklich bedroht. „Haue ihn ab, den unfruchtbaren Baum, denn was hindert er das Land?" so hatte es der Herr des Weinbergs in der Lukasparabel beschlossen. Eine Intercession erwirkte eine Frist. „Lass ihn noch ein Jahr". Unmittelbar hat sich die Axt an

---

[5] Vgl. Coloss. 1, 23: εὐαγγέλιον κηρυχθὲν ἐν πάσῃ κτίσει τῇ ὑπὸ τὸν οὐρανόν, οὗ ἐγενόμην ἐγὼ Παῦλος διάκονος.

die Wurzel noch nicht gelegt. Noch Ein Jahr. Sie müssen noch nicht abgelaufen seyn, die Monde dieses Jahres der ὑπομονή. Denn noch immer hält der dürre fruchtlose Stamm, vielleicht sogar von einem Blätterschmuck umlaubt, an seiner alten Stelle Stand. An diesem Umstand schürzt sich der Knoten des Problems. Wer löst denselben auf? Wir verstehen es, wenn manche hochachtbare Stimme jedweden Versuch dieser Art widerräth. Dass die Thatsache aus endlichen Ursachen nicht erklärbar sey, so viel wird mehr oder minder willig nahezu auf allen Seiten eingeräumt. „Von dem Herrn ist solches geschehen und es ist wunderbar vor unseren Augen." Aber in die Tiefen der βουλήματα Gottes, ἀνεξερεύνητα und ἀνεξιχνίαστα wie sie sind, wer wagt sich in dieselben hinab? Wer hat des Herrn Sinn erkannt und wer ist sein Rathgeber gewesen?[6] Gleichwohl, man kann es so leicht nicht lassen, mit fragend sinnendem Auge auf dem Probleme zu beruhen. Ist doch unsere Stellung zu dem Judenthum, und namentlich deren praktische Consequenz, durch einen befriedigenden Einblick in das Räthsel bedingt. Allein Eins muss unsere unverbrüchliche Regel seyn. Hinweg mit jeder eigenen Reflexion. Eine Autorität unwidersprechlicher Art, die Autorität der heiligen Schrift, muss unser Leitstern seyn. Aber hat sich die Schrift über die gewichtige Frage erklärt? und in welchem ihrer Theile wäre diess geschehen? An welchen Gotteszeugen

---

[6] Vielleicht exemplificirt sich auf den vorliegenden Fall die Erklärung, welche der Herr in den Tagen seiner Auferstehung einem Jünger auf dessen unberufene Frage entboten hat. „So ich will, dass er bleibe bis ich komme, was kümmert es dich, wie betrifft es dich"? (Joh. 21, 22).

sollen wir uns wenden? An einen Petrus, Johannes und Jakobus, und das darum weil die drei die δοκοῦντες στύλοι εἶναι,
weil sie die διάκονοι der περιτομή gewesen sind? Oder sollte
es nicht gerathener seyn, dass wir den Mann zu unserem
Berather erwählen, welchen der allweise Gott sich zu seinem
Organ εἰς τὰ ἔθνη erkoren hat? Sehen wir zu!

2. Der Apostel der Heiden.

„Ἐφ᾽ ὅσον μέν εἰμι ἐγὼ ἐθνῶν ἀπόστολος τὴν διακονίαν μου δοξάζω": diese Worte des Hochgefühls entsendet Paulus nach Rom. Er adressirt sie an Die, die aus den Banden des Heidenthums zur Freiheit in Christo hindurchgedrungen sind. „Ὑμῖν λέγω τοῖς ἔθνεσιν." Ἐκ καρδίας haben sich seine Leser den τύπος διδαχῆς zu eigen gemacht. wie er ihn ver-kündigt, wie er ihn vertritt: er erwartet, auch in dem gegen-wärtigen Falle werden sie im Glaubensgehorsam beharren. sie werden seinem Wort nicht widerstehen: sie werden es annehmen, was er ihnen über Israel im Tone der Lehre, der Ermahnung, ja der Warnung zu eröffnen hat. Aber nicht diejenige Autorität kehrt er hervor. die der berufene Diener Jesu Christi im ganzen Umfange seines amtlichen Wirkens zur Geltung bringen darf. Sondern als der ἀπόστολος ἐθνῶν nimmt er in diesem Zusammenhange das Wort; denn eben als solcher [7]) ist er zu einem Urtheil, zu einer Ansicht über das Judenthum befähigt und befugt. Als er erlebt und erfahren hatte, wovon er am Anfang des Galaterbriefes Be-richt erstattet hat, als es ihm gewiss geworden war. dass die Verkündigung des Evangeliums die Aufgabe seines ganzen

---

[7]) In diesem Sinne, so glauben wir, will das ἐφ᾽ ὅσον Röm. 11, 13 verstanden seyn.

Lebens sey: da hat er es zunächst nicht anders gewusst, als
dass ihm Israel als sein Arbeitsfeld gewiesen und anbe-
fohlen worden sey. Aber auch im Verlaufe seiner Evangelistenbahn entschwand ihm die Empfindung nicht, dass er vor
allem ein Schuldner der Juden sey. „Πρῶτον Ἰουδαίῳ“:
dieser Grundsatz stand ihm unentwindbar fest, und er hielt
ihn noch aufrecht, als ihm jede Aussicht auf Erfolg, jeder
Gedanke „ἵνα σώσω τινὰς ἐξ αὐτῶν“ notorisch abgeschnitten
war.[8] Allerdings wurde er von diesem Volke verschmäht,
gehasst, verfolgt, und da hat sich denn der grosse Evangelist
einer andren Sphäre seines Laufes zugewandt. „Euer Blut
sey über euer Haupt, ich gehe von nun ab rein zu den
Heiden“ (AG. 18. 6). Mit unbedingtem Vertrauen ergriff er
die Zügel dieser Diakonie, und mit einer Parrhesie ohne

---

[8] Als Gefangener kam er nach Rom. Zu diesem Ausgang
hat der jüdische Hass es gebracht. Immerhin wurde dadurch ein
Herzenswunsch des Apostels erfüllt. Er hatte sich seit Jahren
nach einer persönlichen Gemeinschaft mit der Römischen Christenheit gesehnt (Röm. 1. 11). Es wird ihm zu Theil geworden seyn,
was er kraft der Worte Röm. 15, 24 „ἐὰν ὑμῶν πρῶτον ἀπὸ
μέρους ἐμπλησθῶ“ in Aussicht genommen hat. Was hat er
aber darnach zu thun gehabt? Er hatte ein sehr eiliges Geschäft.
Schon am dritten Tage nach seiner Ankunft („μετὰ ἡμέρας
τρεῖς“, so hat Lukas AG. 28, 17 erzählt) hat er eine Fühlung
mit der Synagoge nachgesucht. Als Zeuge von dem Himmelreich
(„διαμαρτυρόμενος τὴν βασιλείαν τοῦ θεοῦ“) trat er vor dem
versammelten Kreise der „πρῶτοι Ἰουδαῖοι“ auf. Aus dem Gesetz
Mosis und aus den Propheten sprach er zu ihnen von Israels Hoffnung, die in Jesu zu ihrer Erfüllung gekommen sey. Und er redete
wie wir lesen .ἀπὸ πρωΐ ἕως ἑσπέρας. Es war das letzte Mal,
dass er anklopfend an der Pforte des Judenthums gestanden hat.

Gleichen, die kaum einmal eine vorübergehende Erschütte-
rung erlitt, hat er sich innerhalb ihrer Schranken bewegt.⁹)
Der tiefe Dank der Völkerwelt war sein Lohn. Wie einen
Engel Gottes, ja wie Jesum Christum haben sie ihn ange-
staunt. Wie von der Höhe eines Throncs im Reiche des
Geistes schaut der bewährte Apostel der Heiden auf Israel
herab. Er hat sich eine feste sichere Stellung zu diesem
Volk im Beten und Wachen, im Suchen und Sinnen erkämpft.
Sein helles Glaubensauge hat ihm erbracht, was die eifrigste
Versenkung in die Geschichte keinem Forscher je ergeben
wird. Das aber ist sein lebhaftes Interesse, dass die Gemeinde zu Rom, was den vorliegenden Gegenstand betrifft,
ihm gleich gestimmt, ihm gleich gesonnen sey. „Γίνεσθε ὡς
ἐγώ, συμμιμηταί μου γίνεσθε.“
Die Absicht hat Paulus gehabt und die Hoffnung hat er
gehegt, dass er nach kurzer Frist persönlich im Kreise der
Leser erscheinen wird. Kein Wunsch konnte im besseren
Rechte seyn, als dass diese seit Jahren ersehnte Gemeinschaft beiden Theilen zur Erquickung und zur innersten Befriedigung gedeihe. Durch sein Sendschreiben bahnt der

---

⁹) Niemals betreffen wir den Paulus auf derjenigen Bewegung,
deren Petrus in dem Falle des Cornelius geständig gewesen ist.
„Nun erfahre ich es in Wahrheit, ein Ansehen der Person findet
bei Gott nicht Statt. Auch den Heiden hat er Busse zum ewigen
Leben gegeben.“ Und niemals hätte Paulus die Petrinische Aeusserung getheilt, dass es einem jüdischen Manne nicht zieme, über
die Schwelle eines Unbeschnittenen einzugehen. Durch das Adv.
εὐθέως hat er es Gal. 1, 16 bezeugt, wie leicht und wie schnell
er sich in der neuen Situation des Heidenapostels zurecht gefunden hat.

Apostel der Erfüllung dieses Wunsches den Weg. Mit allem Freimuth räumt er die etwa möglichen hindernden Faktoren hinweg. „Τολμηρότερον[10]) ὑμῖν ἔγραψα ἀπὸ μέρους": so hat er sich Cap. 15, 15 erklärt. Auf eine sehr bestimmte Parthie des nahezu vollendeten Briefes nimmt sein Geständiss Bezug. Es betrifft nicht die Darstellung, die am Ende des achten Capitels zum Abschluss gelangt; noch weniger[11]) hat es die Ermahnungen und die Ansprüche im Auge, deren Ton das zwölfte und die nachfolgenden Capitel beherrscht. Dort und hier ist dem Apostel das volle Einverständniss seiner Leser gewiss. Es kann daher schlechterdings nur der uns vorliegende Abschnitt seyn, dessen vielleicht zu kühne Haltung Paulus ohne Zögern anerkennt. Er hat das Ansehen eines Apostels bis zu dessen äusserster Grenze zur Geltung zu

---

[10]) Es vergleicht sich dieser dem Apostel sonst wenig geläufige Ausdruck mit der Wendung ‿ἀποτολμᾷ 'Hσαΐας", die ihm Cap. 10, 20 als die zutreffende erschienen ist. Von dieser letzteren Stelle kann freilich erst in einem späteren Zusammenhange die Rede seyn.

[11]) „Noch weniger": so haben wir uns ausgedrückt. Wir wehren einem Missverstand. Wie weit sind wir davon entfernt, die ganz eminente Bedeutung des vom zwölften Capitel anhebenden die Ethik betreffenden Abschnitts zu verkennen. Wie beklagen wir statt dessen die mangelhafte Würdigung, die man zumeist dem Werth desselben zu Theil werden lässt. Paulus hat auch in andren Briefen seine Ermahnungen zur Heiligung des Sinnes und Wandels zum Ausdruck gebracht. Aber was er hier Röm. 12 u. ff. auf diesem Gebiete geleistet hat, das greift weit, weit über das ihm sonst gewohnte Niveau hinaus. Die Rechtfertigung dieser vielleicht auffälligen Behauptung behalten wir einer späteren Studie über den Brief an die Römer vor.

bringen gewagt. Er hat diess gewagt, weil die Autorität der Schrift schützend an seiner Seite stand.[12]) Und er hat, bewogen und gedrängt von einem unabweislichen Motiv, in der That auch anders nicht gekonnt. An die Gemeinde zu Corinth hat er früher einmal ein schmerzliches rührendes Wort gelangen lassen. „Ich fürchte, wenn ich zu euch komme, dass ich euch nicht finde, wie ich will. und ihr mich nicht findet, wie ihr wollt. dass mein Gott mich demüthige bei euch und ich müsse Leide tragen über euch" (2. Cor. 12, 20 f.): den Christen zu Rom gegenüber hatte diese Besorgniss ein noch zweifelloseres Recht. Auf einer ganz eigentlichen Höhe, einer Stadt auf dem Berge gleich. hat die Römische Christenheit vor seinen Augen gestanden. „Euer Glaube wird gerühmt in aller Welt." „Ich weiss, ihr seid ἀγαθωσύνης μεστοί, πάσης γνώσεως πεπληρωμένοι, δυνάμενοι καὶ ἀλλήλους νουθετεῖν." Aber in Einem Betracht blieb eine klaffende Differenz der Meinungen in Bestand. Der Grundstock der Gemeinde waren Christen aus dem Heidenthum. Inzwischen barg sie in ihrem Schoosse auch mehr oder minder zahlreiche Proselyten aus dem Judenthum. Sie befanden sich freilich in der Minorität, und als beharrliche Hüter der παραδόσεις πατρικαί standen sie unter einem empfindlichen Druck.

---

[12]) In keinem andren Paulinischen Briefe finden sich so zahlreiche Citate aus der h. S., wie in unserem Capitelcomplex. Und nirgends hat der Apostel das ungemeine Gewicht derselben mit gleichem Nachdruck aufgezeigt. Bis auf die Wahl von Ausdrücken und Wendungen hat sein Interesse sich erstreckt. „Κράζει Ἡσαῖας· Ἀποτολμᾶ καὶ λέγει." In der That, er hat die ὑπομονή τῶν γραφῶν zu verklären gewusst.

Der Apostel heisst es nicht gut, dass man ihnen dasjenige ἔχεσθαι und dasjenige βαστάζειν τὰ ἀσθενήματα ἀσθενῶν entzog, zu welchem der einzelne Christ und die Christenheit überhaupt verpflichtet ist. Allein nicht sowohl einen ethischen Mangel hat er gerügt, sondern viel vollständiger die allgemeine Stellung zu dem Judenthum, die er als die normale und schriftgemässe nicht erachten kann. So lange diese Differenz nicht ausgeglichen ist, so lange dieser Stein ihm noch im Wege liegt, so lange kann er nicht sicheren fröhlichen Fusses das Fahrzeug besteigen, dessen Segel ihn in die ewige Stadt hinüberführen soll. „Ich wollte, ich könnte bei euch seyn, ἀλλάξαι τὴν φωνήν μου", diess Verlangen hat der Apostel den Galatischen Gemeinden gegenüber bei sich bewegt: die Römische will sein Auge nicht früher sehen, als bis die Tendenz seiner Zuschrift „ἵνα μὴ ἦτε φρόνιμοι παρ' ἑαυτοῖς [13]) an ihr zu einer gesegneten Erfüllung wird gediehen seyn. „Μὴ παρ' ἑαυτοῖς φρόνιμοι". Verleugnen sollen sie die Empfindungen und Gedanken, die in ihrem eigenen Geiste erstehen; erkennen, begreifen und erfassen sollen sie statt dessen die objektive Lage der Sache, wie sie der Apostel ihren Augen erschlossen hat. In der That ist es eine Pression, zu welcher seine Kühnheit gegriffen hat. Er, der Apostel, er ihr Apostel,

---

[13]) Die genuine Lesart Cap. 11, 25 wird kaum zu ermitteln seyn. Weder äussere noch innere Gründe reichen zu einer sicheren Entscheidung aus. Tischendorf hat nach längerem Schwanken ein παρά in den Text gesetzt. Man hat bemerkt, der pure Dativus sey klarer gedacht, als wenn demselben eine Präposition, es sey ein παρά oder ein ἐν, zur Seite steht. Wir gestehen, dass uns für diese Behauptung das Verständniss fehlt.

er der Apostel der Heidenwelt, nimmt das Wort. Τολμηρο-τέρως[14]) hat er die ὑπακοή der πίστις von ihnen verlangt. Aber nicht εἰς τὰ ἄμετρα hat er sich verirrt, sondern κατὰ τὸ μέτρον hat der Zeuge der Wahrheit sich in dem Dienste derselben erklärt. Nichts was er gesagt hat nimmt er zurück, nichts schwächt er limitirend ab. „Wider die Wahrheit vermag ich nichts, aber für die Wahrheit Alles.“ Es begreift sich, nicht um den Ausgleich einer theoretischen Differenz, nicht um eine Harmonie von Meinungen und Ansichten war es dem Apostel zu thun; sondern ein hochwichtiges praktisches Interesse war sein Motiv. Seine Sehnsucht ging nach Rom. Aber ein Weilen und Wirken in dieser Stadt lag in seiner Absicht nicht. Nur auf ein διαπορεύεσθαι war er bedacht, und nur ein προπεμφθῆναι εἰς τὴν Σπανίαν von Seiten der Gemeinde war seine Bitte und sein Wunsch. So viel an ihm lag, sollte die Predigt von Christo bis an die Grenze des Occident, bis zu den Säulen des Herkules gelangen. Er hat es geahnt, dass sein eigener Fuss diess entlegene Arbeitsfeld vielleicht nicht mehr betreten wird. Es stand zu befürchten, dass seine Laufbahn schon in Rom selbst ihren tragischen Abschluss gewinnen wird. Ein Testament hat er für diesen Fall nicht aufgesetzt. Es hat eines solchen nicht bedurft. Selbstverständlich war die Gemeinde zu Rom die Erbin seiner Intention. Sein Brief hat ihr wesentlich dazu gefrommt, seinen letzten Willen zu vollziehen. Sein Brief; und namentlich die-

---

[14]) Wir bewundern das schöne Wort eines grossen Herzens „εἴ τι ἑτέρως φρονεῖτε, καὶ τοῦτο ὁ θεὸς ὑμῖν ἀποκαλύψει“. Aber wir ermessen auch den Ernst, mit welchem der Apostel alsbald sein „πλὴν τῷ αὐτῷ στοιχεῖν κανόνι“ folgen lässt.

jenige Parthie desselben. die die normale Stellung zu dem
Judenthum beleuchtet hat. Denn nur wer diese normale Stellung
eingenommen hat, nur ein solcher ist zu der Mission in der
Heidenwelt geschickt. [15]) Es bleibt schon bei dem grossen
entscheidenden Wort, welches der Herr dort am Jakobsbrunnen
dem Samaritischen Weibe entboten hat „von den Juden
kommt das Heil." Gewiss ist es ein consequent feindseliges
Verhalten. welches die Synagoge von je her gegen den christlichen Glauben beobachtet hat. Gleichwohl ist sie es. die diesem

---

[15]) Verhielte es sich nicht so. woher erklärte sich sonst der
Stolz, mit welchem der Apostel der Heiden seine echt jüdische
Abkunft betont, ein Stolz, der weitab das Selbstgefühl überragt,
mit welchem er einmal (AG. 22, 25. 28) seine Würde als „ἄνθρωπος 'Ρωμαῖος", als geborener römischer Bürger, zur Geltung
bringt? Er schreibt Röm. 11, 1: ἐγὼ Ἰσραηλίτης εἰμί, ἐκ
σπέρματος Ἀβραάμ, φυλῆς Βενιαμίν. Er hat auch anderweitig
(vgl. 2. Cor. 11. 22; Phil. 3, 5) seine Herkunft von dem Volk
der Verheissung bemerklich gemacht. Hofmann behauptet, dass
sein Interesse in diesen verschiedenen Fällen ein differentes gewesen sey. Allein überall bricht der gleiche Bezug auf seine
Stellung als Heidenapostel unverkennbar hervor. Zu einer zwiefachen Bemerkung erbitten wir uns noch das Wort. Nirgendwo hat
Paulus, wo er seine Abkunft betont, sich als ἀνὴρ Ἰουδαῖος eingeführt; sondern Ἰσραηλίτης, Ἑβραῖος, das sind die Namen,
die er verwendet hat. Und niemals hat er die Bezeichnung einer
jüdischen φυλή gewagt, aus welcher der Herr κατὰ σάρκα hervorgegangen sey. „Ἐκ σπέρματος Δαβίδ" (Röm. 1, 3; 2. Tim. 2, 8),
so hat er sich statt dessen bedachtvoll ausgedrückt. Nur ein einziges Mal im ganzen Umfang des N. T. (Apoc. 5, 5) wird Christus
ὁ λέων ὁ ἐκ τῆς φυλῆς Ἰούδα genannt. Aber auch hier wird
der Zusatz ἡ ῥίζα Δαβίδ von dem Seher nicht versäumt.

Glauben seine Wege bahnt und bahnen muss. So war es von Anfang her: so verhielt es sich als Paulus sein Sendschreiben erliess; und auch fortan wird diese Gottesordnung im gesicherten Bestande seyn. „Oὐx ἀπώσατο ὁ θεὸς τὸν λαὸν αὐτοῦ": dahin hat der Apostel sich erklärt; und mit einem durchschlagenden Argument hat er seine Aussage geschützt.[16] Heimgesucht hat der gerechte Gott, der sein nicht spotten lässt, das Volk, das sich ἀντιλέγων und ἀπειθῶν verhalten hatte, allerdings; er hat es verblendet, er hat es verstockt, er hat es Pharaoni gleich gemacht: allein verstossen, aus seinem Haushalt verwiesen, hat er dasselbe nicht. Durch Israels Abfall hat die Völkerwelt die Stufe der σωτηρία erreicht: wer lehnt auf diese Thatsache hin noch die Frage ab, ob dessen bleibender Widerstand nicht vielleicht ein bleibender Segen für die Kirche sey? Wundern wir uns denn nicht, wenn der Feigenbaum, kraftlos nach innen, fruchtlos nach aussen, wie er erscheint, gleichwohl noch immer unter göttlicher Geduld am Wege steht. Die Weisheit Gottes hat das Heft des Regiments, sie kennt, sie wandelt ihre Bahn. Und dennoch, Eine Frage bleibt noch immer unaufgeklärt in Rest. **Durch Israel** vollführt der lebendige Gott das Werk seines Regiments. Bräuchlich in seinem Dienst ist ihm das Volk, das er sich einstmals erkoren hat. Aber ist Israel ihm nichts mehr als ein vermittelndes Organ? Ist hierdurch die Frage des Apostels

---

[16] „Καὶ γὰρ ἐγώ" x. τ. λ.: in diese Begründung seiner Behauptung tritt Paulus ein. Die gangbare Interpretation der Worte befriedigt uns nicht. Sondern das ist der Nerv des Beweises, dass das Heidenapostolat aus dem Schoosse des Judenthums hervorgegangen sey.

„μὴ ἀπώσατο ὁ θεὸς τὸν λαὸν αὐτοῦ" bereits erschöpft? Ein blosses **Durch** Israel, lässt es sich verstehen, wenn demselben nicht ein **An** Israel zur Seite steht, oder richtiger gesagt zum Grunde liegt? In der That, hier ruht der wahre, der eigentliche Nerv des Problems. Eine Absicht **an** diesem Volk muss schlechterdings in dem Sinne Gottes verborgen seyn. Wer schliesst sie uns auf? Wer hat in diesem Betracht den Sinn des Herrn erkannt? Und wer ist es, aus dessen Munde eine befriedigende Antwort zu erwarten steht? „Ἀπεκάλυψεν ἡμῖν ὁ θεός" so hat Paulus einmal bezeugt „διὰ τοῦ πνεύματος αὐτοῦ ἃ ἐπὶ καρδίαν ἀνθρώπου οὐκ ἀνέβη. τὸ γὰρ πνεῦμα πάντα ἐρευνᾷ, καὶ τὰ βάθη τοῦ θεοῦ". Auch in dem gegenwärtigen Falle greift dieser Anspruch Platz. Die Gedanken der göttlichen Weisheit was Israel betrifft sind dem Apostel bekannt. Er enthüllt sie der Gemeinde zu Rom. Aber auch der Christenheit aller Zeiten hat er seine Eröffnungen übermacht. Nehmen auch wir dieselben im Gehorsam des Glaubens in Empfang.

3. Das erschlossene Problem.

„Πᾶς Ἰσραὴλ σωθήσεται": in diese Enunciation (Röm. 11, 26) hat der Apostel den Nerv und Strebepunkt unseres Capitelcomplexes gefasst. Die Worte sind durchsichtig und klar; mühelos ermittelt die Exegese ihren Sinn; endgültig hat der Rostocker, später Giessener Theologe C. Fr. A. Fritzsche den unzweifelhaften Gehalt derselben klar gestellt. [17]) „Πᾶς Ἰσραὴλ [18]) σωθήσεται": unter allen Umständen hat Paulus Israels nationale Bekehrung zu Christo in sichere Aussicht genommen, gleichwie es eine nationale Verwerfung Jesu gewesen ist, zu welcher das Judenthum sich bei dem Martyrium

---

[17]) Der genannte Ausleger hat in der Erforschung des Römerbriefes die beste Kraft seines Lebens verzehrt. In drei umfänglichen Bänden hat er die Frucht eines mehr als zehnjährigen Fleisses den Fachgenossen vorgelegt. Namentlich unsere drei Capitel sind es gewesen, denen er die intensivste Mühe zugewendet hat (vgl. T. II. P. 232—557). „Eam sententiam, quam his Pauli capitibus saepe lectis diligenterque excussis veram esse cognovi, ingenue exponendam putavi. Mea orthodoxia veri amore et professione nititur."

[18]) Die Interpretation von Fritzsche, „plerique Israelitae, longe maxima populi pars", ist wohl nicht ganz correkt. Vielleicht hat Hofmann richtiger gesehen, wenn derselbe die Stelle 2. Chron. 12, 1 als eine passende Parallele verwerthet hat.

des Stephanus entschlossen hat. Allerdings haben namhafte
Ausleger diese sich selbst empfehlende Deutung abgelehnt.
Sie ziehen aus Gründen eine abweichende Annahme vor. Jene
τινάς, jene mehr oder minder zahlreichen Einzelnen [19]), habe
der Apostel gemeint, die im Verlaufe der kirchlichen Entwickelung die Synagoge verlassen haben, um in die Kirche
Jesu einzugehen. Aber weder mit dem πᾶς kommen sie zurecht, noch weniger mit dem Futurum σωθήσεται. Die τινές
machen kein πᾶν; und sind diese τινές schon eingegangen: wie
soll deren σωτηρία erst in Aussicht stehen? Hofmann hat es
überzeugend dargethan, dass die Enunciation, welche Paulus
als ein μυστήριον gewürdigt hat, unter ihren Händen zu einer
gehalt und wesenlosen Phrase wird.[20]) Und mit Recht hat
er sich dahin erklärt, dass sich die Mühe nicht weiter ver-
lohne, gegen eine Exegese dieser Art noch streitend vorzugehen.[21]) Aber ein Motiv und ein dringendes Motiv haben
die Vertreter dieses Irrthums gehabt. Und diess Motiv haben

---

[19]) Wiederholt hat sich der Apostel im Römerbriefe des Pron.
indef. τίς, τινές bedient. Aber niemals in einem arithmetischen
Sinne, so dass auf die Zahl ein Schluss gezogen werden kann.
Da sind die τινές bald Viele, nahezu Alle, Röm. 3, 3, bald
wiederum einzelne Wenige, Röm. 11, 11. Exegetische Geschäfte
wollen mit dem Pronomen nicht unternommen seyn.

[20]) Vgl. Comm. S. 495: „Die Aussicht, welche dieser Auf-
fassung zufolge dem jüdischen Volke eröffnet wird, würde lediglich
darin bestehen, dass diejenigen Israeliten, welche zum Genusse des
Heils gelangen, allesammt dazu gelangen werden."

[21]) Nicht ohne Bedauern kann man die Zwangslage verfolgen,
in welcher sich Bengel in dem gegenwärtigen Falle befunden hat
und welcher er sich mit vergeblicher Anstrengung zu entwinden
sucht. Der gewissenhafte Exeget versagt das Geständniss nicht,

auch Diejenigen mit ihnen getheilt. denen deren Exegese eine schlechthin unannehmbare gewesen ist. Verstanden hat Fritzsche den Apostel, wenn Einer ihn verstanden hat: nun aber geht dieser Theologe mit dem Paulus in's Gericht, dessen Euunciation macht er zum Objekt seiner Kritik und seiner abfälligen Kritik. „Facilius est" dahin hat er sich erklärt „mysterium, quod Apostolus hic aperuit, comprehendere, quam sententiae Paulinae veritatem demonstrare. Virum summum opinio fefellit. Hausit eam Paulus ex judaica disciplina. Argumentationem ejus speciosam rectius dixeris quam veram." [22]) Zu diesem Urtheil entschlossen und subjektiv von der Richtigkeit desselben überzeugt. hat er sich gleichwohl nach schützenden Autoritäten umgethan. Er hat sie gesucht und wie es scheint nicht vergebens gesucht. Mit tiefer Befriedigung hat er zunächst das Votum von Wetstein[23]) citirt.

---

dass der Apostel offenbar eine conversio Israelis longe abundantissima in Aussicht nimmt. Gleichwohl hat er im weiteren Verlauf zu der abgewiesenen Erklärung in bedenklichem Grade connivirt. „Interea etiam semper aliqui, τινές, convertuntur: cui rei fideles semper invigilare convenit. Id ipsum residuum, in se copiosum. totum convertetur." Der Nothbehelf dieses totum, oder wie die Neueren sich ausdrücken ihres allesammt, dürfte die ausreichende Entgründung eines eingebürgerten Irrthums seyn.

[22]) Dem Missfallen an diesen Aeusserungen, welches etwa zu befürchten stand, hat der Verfasser durch die begütigende Erklärung vorzubeugen versucht, dass die Aussage des Apostels nur im Vorübergehen und ohne alle Betonung ergangen sey. „Obiter tantum haec Pauli enunciatio adjecta est. ita ut mire delitescat." Von einem nennenswerthen Erfolg konnte ein Versuch dieser Art nicht begleitet seyn.

[23]) Das Votum von Wetstein lautet wie folgt. „Ex hoc loco quidam probare voluerunt, magnam Judaeorum ad Christum con-

Aber mit gesteigerter Zuversicht beruft er sich auf ein Zeugniss, welches für alle evangelisch Gesinnten ein nahezu entscheidendes ist. Die Instanz Luthers hat er zum Zweck seiner Rechtfertigung implorirt.

Die Thatsache ist notorisch, dass Luther im ganzen Umfange seines Laufes einen hochgradigen Widerwillen, ja man darf es sagen, einen qualificirten Hass gegen das Judenthum empfunden und bekundet hat.[24] So fern nun für ihn der Gedanke an eine Bekehrung Israels von vorn ab ausgeschlossen war, so haben Männer wie Fritzsche ihre Anschauungen allerdings unter den Schutz des Reformators zu stellen vermocht. Allein in dem Augenblick haben sie sich um diesen Schutz gebracht, wo ihre Skepsis dem Ausspruch eines Paulus entgegentrat. Diejenigen hatten es gründlich mit Luther verdorben, denen die Autorität dieses Apostels verdächtig geworden war. Denn Luther und Paulus, wie un-

---

versionem adhuc exspectandam esse. At neque cum natura hominis neque cum indole doctrinae Christi consistit, ut talem mutationem speremus. Scimus, quid hactenus argumenta pro veritate doctrinae Christi effecerint, nimirum quosdam credidisse, quosdam non credidisse. Nec nova sperare possumus." Wir glauben nicht, dass diess Votum den eigentlichen Schwerpunkt richtig getroffen hat. Wir glauben namentlich nicht, dass der psychologische Determinismus, den Wetstein in Verwendung bringt, in dem gegenwärtigen Falle an seinem Orte sey.

[24] Fritzsche hat aus den Werken Luthers diejenigen Stellen, in welchen sich der Reformator über das Judenthum, über seine Stellung zu demselben und über die Frage einer möglichen Bekehrung von Israeliten geäussert hat, mit Fleiss gesammelt und a. a. O. S. 528 ff. zum correkten Abdruck gebracht.

treunbar waren die beiden mit einander Eins! Aber befinden sie sich wirklich auch in dem gegenwärtigen Falle in vollkommener gegenseitiger Harmonie? Luther selbst hielt sich innig davon überzeugt. Er glaubte die vorliegende Stelle richtiger zu verstehen, als diess der Laut der Worte zu empfehlen scheint. [25]) Und für die ganze Folgezeit der evangelischen Kirche hat seine Ansicht den Rang der Direktive zu behaupten gewusst. Niemals ist im Schoosse der Lutherischen Gemeinden jene εὐδοκία erwacht, deren Paulus geständig gewesen ist; und niemals haben sie jene δέησις vor die Ohren Gottes gebracht. die der Apostel beständig im Herzen und im Munde getragen hat. [26]) Niemals vollends ist in ihren Kreisen der Gedanke aufgetaucht, im Sinne der Bitte oder der Ladung „kommt herüber zu uns" an der Pforte des Judenthums zu erscheinen. [27]) Eine Frage hat sich zugespitzt. Eine Alter-

---

[25]) „Dass Etliche aus dem elften Capitel der Epistel an die Römer den Wahn schöpfen, als sollten alle Juden dereinst zur Bekehrung gelangen, ist ohne allen Grund. Paulus meinet gar viel ein Andres." Leider hat sich der Reformator über diess „viel Andre" niemals und nirgendwo erklärt. Ueberall belässt er es bei einem negativen Protest. Einen positiven Aufschluss hat er beharrlich versagt.

[26]) Erst neuere kirchliche Agenden haben dem Fürbittengebet der Clementina die Einschaltung beigefügt: segne die Predigt des Evangeliums unter Heiden und unter Juden. Es ist inzwischen die Frage, ob diess Additamentum von der Andacht der Gemeinde wirklich mitgebetet wird, oder ob dasselbe nicht vielmehr zu gebetswidrigen Reflexionen Veranlassung giebt.

[27]) Selbst in derjenigen Aera der Kirche, welche von Humanitätsgedanken angehaucht und von den Ideen eines Lessing inficirt

native ernster und gewichtiger Art bietet sich dem Auge dar.
Und entschieden will dieselbe seyn. Antipathie und Sympathie: sie sind beide nicht ohne Gefahr; in beider Gefolge
kann ein Irrweg seyn, sie beide verschränken dem Geiste
leicht das Licht. Die Entschlossenheit kann einen Knoten
zerschneiden; der Mühe und Arbeit fällt dessen Lösung vielleicht anheim. Wir haben die Schwelle unserer Aufgabe erreicht. Ueberschauen wir ihre Details.

Mit einem Herzenserguss hebt der Apostel seine Ansprache
im neunten Capitel an. Offener und rückhaltloser hat er
sich seinen Lesern erschlossen, als diess sonst im Verkehr
mit den Gemeinden seine Weise gewesen ist.[28]) Einen
wesentlich neuen Anlauf hat er genommen, indem er zu
dieser Parthie seines Sendschreibens übergeht. Weder mit
dem voraufgehenden noch mit dem nachfolgenden Theile des
Briefes steht sie in einem nachweisbaren Zusammenhang.
Calvin hat eine richtige Empfindung zum Ausdruk gebracht
wenn er schreibt „quasi ex abrupto Apostolus transilit ad
novam materiam, ut nullus appareat orationis contextus."
Man hat gleichwohl einen Connex dieser Art zu construiren

---

dem korrekten Lutherthum mehr oder weniger entfremdet war, selbst
da waren es nur vereinzelte schüchterne Laute, in denen ein Interesse für Israel zum Ausdruck gekommen ist. In dem Liede von
Karl Heinrich v. Bogatzky „Wach auf du Geist der ersten Zeugen"
klingt die fünfte Strophe in dem Seufzer aus „ach wecke doch
auch Israel bald auf, und also segne deines Wortes Lauf".

[28]) Als ein Analogon dürfte etwa die Ansprache an die Christen
zu Corinth (2. Cor. 6, 11) zu erachten seyn. Aber weder was die
Tiefe der Empfindung noch was die didaktische Tragweite anbetrifft, reicht diese Parallele an den vorliegenden Fall heran.

versucht. Diese Versuche sind sammt und sonders miss-
glückt;[29]) nirgendwo hat man ihrer einem einen aufrichtigen
Beifall entgegengebracht. Sie haben ihr Motiv gehabt, und
diess Motiv war in seinem Recht. Sie haben die Einheit des
ganzen Schreibens zu wahren gedacht. Und vorhanden ist
diese Einheit in der That; nur will der centrale Punkt an
der richtigen Stelle gesucht und gefunden seyn. Er findet
sich.[30]) Und von daher richtet der Apostel sein Auge auf

---

[29]) Diess Urtheil trifft namentlich auch den Vorschlag, mit
welchem Hofmann hervorgetreten ist. Er schreibt (vgl. Comm.
S. 366): „Paulus hatte das achte Capitel mit dem Ausdruck seiner
Ueberzeugung beschlossen, dass Nichts ihn von der Gottesliebe
scheiden könne. Daraufhin haben die Leser vielleicht gewähnt, dass
in seinem Herzen eitel Freude sey. Inzwischen würde diese Voraussetzung eine irrige seyn. Er kann sie versichern, dass es sich
anders mit seiner Stimmung verhalte.“ Es fehlt dieser Uebergangs-
brücke wohl noch mehr als nur die Solidität und Haltbarkeit. Wer
jemals die gewaltigen Schlussworte des achten und dann die des elften
Capitels mit Hingebung erwogen und gewürdigt hat, der trägt das
Zeugniss in sich selbst, dass auf ein Siegel, auf ein Amen dieser
Art kein weiterer Fortgang folgen kann. Was zwischen diesen
beiden Marksteinen steht, das muss ein isolirtes, ein in sich selbst
geschlossenes Lehrstück seyn. Der Brief an die Römer ist eine
umfängliche Schrift. Sicher hat der Apostel diess Geisteswerk dem
Griffel des Tertius nicht uno tenore übermacht. In Pausen, in
Intervallen, wird die Scription vollzogen worden seyn. Da haben
wir uns denn doch wohl nicht versehen, wenn wir geäussert haben,
dass Paulus am Anfang des neunten Capitels einen „neuen Anlauf“
genommen hat.

[30]) Paulus bereitet durch den Brief seine Ankunft bei den
Römern vor. Ἐν πληρώματι εὐλογίας will er bei ihnen erscheinen. Um ein συμπαρακληθῆναι war es ihm zu thun.

das Judenthum. Schon in den ersten Capiteln des Briefes
hatte sein Blick auf demselben geruht. Da hat er das περισσὸν τοῦ Ἰουδαίου anerkannt, da hat er zugleich dessen Schuld,
die der heidnischen gleich gekommen sey, in's Licht gestellt.
Προῃτιασάμεθα Ἰουδαίους τε καὶ Ἕλληνας ὑφ᾽ ἁμαρτίαν εἶναι.
Aber erst jetzt beleuchtet er die Stellung, welche Israel gegen
Christum Jesum eingenommen hat. Sie gereicht ihm zu
tiefem, tiefem Herzeleid. Dieser **Seelenschmerz** des Paulus
will in erster Reihe begriffen und ermessen seyn. Der
Apostel hat ihn durchkostet und er zerreisst noch immer sein
Herz. Aber die Elasticität der menschlichen Natur und vor
allem eines Christenmenschen Stand verträgt auf die Länge
dessen Uebergriffe nicht. Ἡ ἐλπὶς μένει, ἡ ἐλπὶς οὐ καταισχύνει. Der Schmerz über Israels ἥττημα giebt der Hoffnung
auf die πρόσληψις desselben Raum. Das hat aber nicht sein
Wunsch gethan, nicht jenes εὐξαίμην ἄν, welches er (AG.
26, 29) vor dem Festus und Agrippa verlauten lässt, nicht
seine εὐδοκία, auch nicht seine δέησις πρὸς τὸν θεόν: sondern
„οἶδα καὶ πέπεισμαι", das ist seine Freude, und das ist sein
Ruhm. Und woraufhin er diese Ueberzeugung, diesen er-
hebenden **Fernblick** in die Zukunft, dem Allen, was sie zu

Seinerseits will er ihnen ein χάρισμα πνευματικόν vermitteln:
ihrerseits sollen sie geneigt seyn, seinem amtlichen Wirken förderlich und dienstbar zu seyn. Da galt es, das Gemeinsame zu
pflegen, das etwa Trennende auszugleichen. Das ist die Einheit
des Briefes. Wird dieselbe dadurch gestört, dass man den vorliegenden Abschnitt isolirt und ihm einen selbständigen Charakter
vindicirt? Doch sicher nicht. Wohl aber wird es geschehen, dass
dessen Verständniss grade hierdurch eine wesentliche Förderung
erfährt.

erschüttern schien, zum Trotz in der Sicherheit des Glaubens
behauptet hat, das wird an zweiter Stelle zu ermitteln seyn.
Aber aus wohlverstandenen Gründen hat der Apostel das
Interesse gehabt, dass die Gemeinde zu Rom in so fern mit
ihm Eines Sinnes sey. Ueber Zeit und Stunde, zu welcher
sein Fernblick sich bewähren wird, hat er sich weder hier
noch irgendwo sonst Gedanken gemacht. Allezeit hat er der
Weisung gedacht, die der Herr (Matth. 24, 36; AG. 1, 7)
seinen Sendboten auf ihre dornenvollen Bahnen mitgegeben
hat. Unerschütterlich stand ihm inzwischen fest, was seinem
Fernblick zu schauen gegeben war. Und er ist darauf aus,
dass seine Hoffnung den Rang eines christlichen Gemeinguts
ersteige. Zunächst ist es die Christenheit in Rom, deren Anerkennung er gewinnen will. Auch sie soll erharren was
seine eigene Hoffnung geworden ist. Sie soll es erharren in
der Stellung ihres Gemüths, aber auch ebenso im praktischen
Verkehr. Und was der Apostel in diesem Interesse geleistet
hat zu verfolgen, das wird an dritter Stelle der Gegenstand
unserer Verpflichtung seyn. Unsere Aufgaben haben wir
fixirt. Zu dem Versuche ihrer Lösung schicken wir uns an.

Der Seelenschmerz des Paulus.

1. Die Trauer seines Gemüths.

Einer λύπη ist der Apostel geständig, und als eine μεγάλη hat er dieselbe in dem Sinne charakterisirt, in welchem der Herr dort im Kreise der trauernden Jünger die Erklärung abgegeben hat „ἡ λύπη τὴν ὑμῶν καρδίαν πεπλήρωκεν". Jedweder Schritt, welchen sein Fuss in den Schranken vorwärts that, hat diese Trauer in seinem sicheren Geleite gehabt. Die Präposition ὑπέρ hat seine Darstellung zur Verwendung gebracht. Sie verbürgt es, dass ein tiefinniges Mitgefühl seine ἀδιαλείπτως gedrückte Stimmung verursacht und in Kraft und Herrschaft erhalten hat. Nahe verwandt waren ihm die Personen, welchen seine Theilnahme gegolten hat; seine ἀδελφοί, seine συγγενεῖς κατὰ σάρκα[31]), so hat er sie

---

[31]) Als ein enges Verwandtschaftsband hat der Apostel sonst die σάρξ, das κατὰ σάρκα, nicht zu erachten gepflegt. Hat er doch einmal gesagt, ἀπὸ τοῦ νῦν οὐδένα οἴδαμεν κατὰ σάρκα, ja die Versicherung fügt er hinzu, εἰ δὲ καὶ ἐγνώκαμεν κατὰ σάρκα χριστόν, ἀλλὰ νῦν οὐκέτι γινώσκομεν (vgl. 2. Cor. 5, 16). In dem gegenwärtigen Falle hat er diess Urtheil auffällig modificirt. Hier spricht er, als wäre er eine μία σάρξ mit dem Juden-

genannt; und hoch tragischer Natur war das Loos, das ihnen in ihren Schooss gefallen war. Von Aegypten her war Israels Vergangenheit, von einer vorübergehenden glänzenden Aera abgesehen, eine Kette von Trübsal und Leid. In jähem Wechsel folgten drückende Knechtschaft, Verwüstung und Zerstreuung unter eine feindselige Völkerwelt einander nach. Ach, dass meine Augen Thränenquellen wären, dass ich Tag und Nacht weinen möchte über mein Volk: so klagte der Prophetenchor. Ein Stern blieb inzwischen hell leuchtend über dem Haupte der Bedrängten stehen. „Ὧν αἱ ἐπαγγε- λίαι“. Die Frommen haben in Hoffnung zu diesem Stern emporgeschaut. Wenn der Herr die Gefangenen Zions erlösen wird, so werden wir seyn wie die Träumenden; unser Mund wird voll Lachens und unsere Zunge voll Rühmens seyn. Und die Erlösungsstunde schlug. Einzelne haben sie mit Freuden begrüsst. Der dritte Evangelist hat ihre Namen der Nachwelt aufbewahrt. Nun, Herr, lässest Du deinen Diener in Frieden fahren, denn meine Augen haben deinen Heiland gesehen. Aber das Volk als solches hat die Zeit seiner Heimsuchung verkannt. Was waren alle Leiden der Vergangenheit mit dem Schicksal verglichen, welchem die ἀπει- θοῦντες daraufhin verfallen sind. Israels Hoffnung war verscherzt, um das Vermächtniss der Väter war es geschehen, abgeschnitten war die Aussicht auf den Genuss des messia-

---

thum. Denn so lesen wir Röm. 11, 14: εἴπως παραζηλώσω τὴν σάρκα μου. „Τὴν σάρκα μου“: ja hat er sich dahin erklärt, so konnte er des Kanon nicht vergessen, welchen er Ephes. 5, 29 als einen allgemein anerkannten zur Geltung bringt „οὐδεὶς πότε τὴν ἑαυτοῦ σάρκα ἐμίσησεν, ἀλλ' ἐκτρέφει καὶ θάλπει αὐτήν.“

nischen Heils. Ein tiefes Bedauern über ein Verhängniss dieser Art war an seinem Ort, es war aber auch in seinem Recht.

Nirgendwo konnte diess Bedauern in gleich intensivem Maasse erwachen wie in dem Kreise der Boten, die der Herr zu der Predigt von dem erschienenen Heil in die Welt gesendet hat. Unmittelbar hat der überkommene Beruf sie zu Israel in Beziehung gesetzt. Christus selbst war der διά-κονος περιτομῆς. „Zu den verlorenen Schafen aus dem Hause Israel bin ich gesandt." Dass auch seine Diener an der gleichen Stelle ihren Lauf beginnen sollten, das hat er gewollt und mit ausdrücklichen Worten begehrt.[32] Willig und wohl auch aus eigenem Bedürfen haben sie sich in Wort und in Werk in diese Gottesordnung gefügt. Ein „ἀναγκαῖον": so haben sie (vgl. AG. 13. 46) ihren Gehorsam gegen dieselbe genannt.[33] Schlechten Dank und schlechten Lohn haben sie von Seiten des halsstarrigen Volkes erlebt. „Οὐκ ἠθε-λήσατε": so hat der Herr geklagt; auch seine ὑπηρέται hatten

---

[32] Er spricht zu den Jüngern am Tage seiner Auffahrt zum Vater (AG. 1, 8): ἔσεσθέ μοι μάρτυρες ἔν τε Ἰερουσαλὴμ καὶ ἐν πάσῃ τῇ Ἰουδαίᾳ καὶ Σαμαρείᾳ καὶ ἕως ἐσχάτου τῆς γῆς. Vgl. Röm. 15, 19: ἀπὸ Ἰερουσαλήμ, μέχρι τοῦ Ἰλλυρικοῦ, und darnach εἰς τὸ μακράν.

[33] Der Apostel zählt Röm. 9, 4 die Güter auf, in deren Besitze das auserwählte Volk befindlich sey. Sein Register verläuft in einer bemerkenswerthen Correspondenz mit den Motiven, auf welche Moses Deuter. 9, 25 seine Intercession für Israel gegründet hat. Die Tendenz des Paulus ist die gleiche. Nicht die Majestät des Volkes stellt er klar, wohl aber das gute Recht des Anspruchs, welchen dasselbe zu erheben veranlasst ist.

zu der gleichen Klage vollen Grund. „Ihr widerstrebet allezeit dem heiligen Geiste; wie eure Väter, gleich also auch ihr." „Wie eure Väter": das Bild ward aufs Neue wahr, welches die alttestamentliche Geschichte einst entschleiert hat. „Wie lange lästert mich diess Volk, und wie lange wollen sie nicht glauben an mich" (Num. 14, 11)? „Wenn gleich Moses und Samuel vor mir ständen, so habe ich zu ihnen doch kein Herz; treibe sie hinweg von mir und lass sie hinfahren, ich will sie vertilgen" (Jerem. 15, 1). Gleichwohl greift jetzt ἐν τῷ πληρώματι χρόνου eine andersartige Strömung Platz. Die Fürsprache des Moses wurde an allerhöchster Stelle abgelehnt. Umsonst hat der Führer Israels an Gottes grosses Erbarmen appellirt (vgl. Numer. 14, 19). Einem Paulus hat dieser Repuls seine εὐδοκία, ja seine δέησις πρὸς τὸν θεόν nicht zu verleiden vermocht. Er wagt seine Intercession. Wohl ermisst er die Schwere der Schuld, die das Volk Gottes begangen hat; wohl erkennt er die erfolgende Nemesis als eine verdiente und gerechte an. „Ἀπέλαβον τὴν ἀντιμισθίαν ἣν ἔδει ἐν ἑαυτοῖς." „Οὐκ ἄδικός ἐστιν ὁ θεὸς ὁ ἐπιφέρων τὴν ὀργήν." Aber er stellt die Schuldfrage ausser Betracht und auf einem unsagbar traurigen Schicksal bleibt sein Auge ruhen. Da wendet er sich an das Gottesherz, welches grösser als Vater- und Mutterherz, ja grösser ist als aller Menschen Herz (1. Joh. 3, 20). Er versteigt sich nicht zu der Pression, deren Moses (vgl. Exod. 32, 32) sich unterwunden hat; das aber verhehlt er seinen Lesern nicht, dass er beständig als ἱκέτης ὑπὲρ τῶν ἀδελφῶν αὐτοῦ an den Stufen des Thrones Gottes erscheine. Welche bestimmte Bitte er daselbst geopfert hat, es wird uns nicht gesagt. „Ὑπὲρ αὐτῶν εἰς σωτηρίαν": das ist Alles was der Text verräth. Es hat wohl stürmisch in dem Gemüth des Paulus gewogt; und vielleicht hat er nicht ohne Mühe die Herrschaft über seine Gefühle gewahrt. Er selbst schildert sie in Worten, welchen unsere Bewunderung, richtiger unser Erstaunen sicher ist. Sie lauten excentrisch; das sind sie aber nicht. Sie streifen nicht entfernt an eine wie immer gefasste μανία an: „Οὐ μαίνομαι, ἀλλ᾿ ἀληθείας καὶ σωφροσύνης ῥήματα ἀποφθέγγομαι" (AG. 26, 25). Freilich, sie wollen richtig gedeutet seyn, diese ῥήματα des grossen Apostels!

„Ηὐχόμην αὐτὸς ἐγὼ ἀνάθεμα εἶναι ἀπὸ τοῦ χριστοῦ ὑπὲρ τῶν ἀδελφῶν μου." Der Lichtstrahl der Liebe bricht mit blendendem Glanze aus diesem Bekenntniss hervor. Vielleicht gelingt es demselben auch, das Dunkel zu lichten, das über der Eröffnung des Paulus zu schweben scheint. Oder finden wir uns hier vor einen Fall gestellt, wo dieser Schlüssel seinen Dienst versagt? Es ist eine hohe Aufgabe, welche das Neue Testament der christlichen Liebe zu lösen giebt. „Ὀφείλομεν ἡμεῖς θεῖναι τὰς ψυχὰς ὑπὲρ τῶν ἀδελφῶν": so viel hat Johannes (I. 3, 16) der Gemeinde eingeschärft; und Paulus hat es die höchste Freude seines Lebens und die lieblichste Erquickung seiner Seele genannt, wenn er der gedeuteten Verpflichtung Genüge leisten kann. Er schreibt an die Corinther (II. 12, 15): „ἐγὼ ἥδιστα", der durchsichtige Ausdruck empfiehlt sich der Beachtung von selbst, ἐγὼ ἥδιστα δαπανήσω καὶ ἐκδαπανηθήσομαι ὑπὲρ τῶν ψυχῶν ὑμῶν" (vgl. 1. Thessal. 2, 8). Aber hat sie denn keine Grenze, die dahinlautende Pflicht? Treffen wir nicht auf einen Punkt, an welchem die treibende Stimme verstummt? [34]) So viel steht

---

[34]) Man hat an die christliche Liebe mitunter extravagante

3

fest, unsere ψυχή sollen wir in gegebenen Fällen für die
Brüder dahinzugeben willig seyn. Aber wir haben ja mehr
als eben nur diese im Besitz. Die Gnade hat uns darüber
hinaus auch die ζωή geschenkt. Sollen wir selbst diese ζωή
nicht theuer achten, wenn es die ἀδελφοί zu retten gilt?
Dem Paulus scheint es in der That dahin zu Sinne gewesen
zu seyn. „Christus ist mein Leben": so hat er sich wiederholt (Gal. 2, 20; Phil. 1, 21) erklärt; und wie in Zungen
redend hat er Phil. 3, 7—11 die Herrlichkeit und Seligkeit
dieses Eigenthums gerühmt. Und ἀπὸ τοῦ χριστοῦ zu seyn,
das hat er sich gewünscht, wenn dieser Kaufpreis sein Volk
befreien kann? Am Schlusse eines seiner Briefe (1. Cor. 16,
21) bricht er in den Ausruf aus: „εἴ τις οὐ φιλεῖ τὸν κύριον
Ἰησοῦν χριστόν, ἤτω ἀνάθεμα, μαρὰν ἀθά": wünscht er denn
wirklich für den Fall, den er gesetzt hat, diess Anathem auf
sein Haupt herbei? M. Baumgarten hat es in seiner Schrift
über die Apostelgeschichte mit Freimuth anerkannt, dass man
sich nicht leicht in die eigenthümliche Lage und Stimmung
des Apostels zu versetzen vermag. Zumeist greifen die Ausleger auf die wunderkräftigen Wirkungen der Liebe zurück.
So schreibt ihrer Einer: „Nullam majorem caritatis vehe-

Ansprüche gestellt. Die Theorie von einer vollkommenen Uneigennützigkeit derselben brach sich Bahn. Der h. Bernhard in der
Schrift de diligendo Deo und später Fénélon in den maximes des
Saintes traten dafür ein. Vgl. Neander, Geschichte der Ethik,
S. 274. Die genannten Theologen haben allerdings nur die Gottesliebe im Auge gehabt. Aber der Schritt ist nicht allzuweit, welcher
von da aus zu einer gleichartigen Uneigennützigkeit der Bruderliebe
hinüberreicht. Der christliche Takt hat gegen diese Uebergriffe
immer mannhaft und siegreich reagirt.

mentiam exprimere Paulus poterat, quam hac testificatione; ardentissimae fuit dilectionis erga Judaeos documentum". Und in gleichem Geleise hat sich die Aeusserung von Bengel bewegt: „de mensura amoris in Paulo non facile est existimare. Non enim capit eam anima non valde provecta nec modulus nostrarum ratiocinationum. Apud Paulum intervalla ista, quae bono sensu exstatica dici possint, subitum quidquam et extraordinarium fuere. ne in ipsius quidem potestate erat, tales actus ex sese quovis tempore elicere. ita dolor et tristitia eum abstulit, ut sui tantisper obliviscerctur. quis scit. an hoc Paulus ipse interrogatus definiret?" Auf diese Anregung von Bengel hin haben neuere Exegeten eine befriedigendere Antwort zu ertheilen versucht. Sie haben das Imperfektum urgirt und daraufhin eine nur momentane vorübergehende Stimmung des Apostels anerkannt. Oder sie haben ein limitirendes εἰ δυνατόν aus der bekannten Stelle im Galaterbriefe zu ergänzen beliebt. Aber sie haben es nicht bedacht, dass das ἀδιάλειπτος des Textes alle Versuche dieser Art zum Scheitern bringen muss. Hofmann hat sich mit einer seltsamen haarscharfen Unterscheidung zu helfen gewusst. „Nicht das sey die εὐχή des Apostels, er möchte Christo fremd geblieben seyn, sondern dahin habe sie sich eingeschränkt, er möchte das, was der Christ an Christo hat, entbehren, um sein Volk in dessen Besitze und Genusse zu sehen" (vgl. Comm. S. 369). Wie diese Anschauung mit dem ἀνάθεμα εἶναι ἀπὸ τοῦ Χριστοῦ verträglich sey, darüber hat sich der Verfasser nicht erklärt. [35] Vielleicht dass der Text selbst uns eines Besseren

---

[35] Der verewigte Theologe hat im Unterscheiden seinen Meister gesucht. Aber mitunter muthet er den Lesern auch ein Hartes zu.

belehrt. Wir lassen es nicht unbemerkt, dass Paulus sowohl am Anfang des neunten wie im Beginn des zehnten Capitels seine καρδία als die Stätte nennt, an welcher seine Gefühle und Gedanken entsprungen sind.[36] Diess Herz erschliesst er der Gemeinde, an welche er schreibt. Mit welcher Wärme sein Herz das Volk der göttlichen ἐκλογή, diese ἀγαπητοὶ διὰ τοὺς πατέρας umfasse, mit welcher Innigkeit dasselbe dessen σωτηρία ersehne, zu welchen Opfern es in Israels Interesse bereit und entschlossen sey: darum sollen die Leser wissen, gesetzt auch den Fall, dass ihnen seine Eröffnung zum Befremden, ja zum Anstoss, vielleicht gar zum Aergerniss zu gereichen droht. So und nicht anders sey er im tiefsten Grunde seines Gemüths gestellt. „Ich sage die Wahrheit in Christo und lüge nicht; mein Gewissen bezeugt es mir in dem heiligen Geist." „Τὸ στόμα ἡμῶν ἀνέῳγεν πρὸς ὑμᾶς, Κορίνθιοι, ἡ καρδία ἡμῶν πεπλάτυνται," in diess herzinnige liebliche Wort brach er einst einer Gemeinde gegenüber aus (2. Cor. 6, 11). Auch gegen die Christen zu Rom macht er von dieser ἐξουσία Gebrauch. Er nimmt die Rechte seiner καρδία wahr, und bis zu deren äussersten Grenzen hat er sie verfolgt. Freilich, an

---

Namentlich in dem gegenwärtigen Falle dürfte er dem Vorwurf acutius quam verius nicht entgehen. Er dürfte hier vielleicht auch nicht vor dem Herrnwort bestehen „was Gott zusammenfügt, das soll der Mensch nicht scheiden".

[36] Nur ein einziger Ausleger hat diesen von dem Text gewiesenen Ausgangspunkt gewählt. So hat Calvin sich erklärt: ferventiores cordis affectus ut praecipitanter feruntur ita nihil aliud intuentur et considerant quam id quo tendunt. Totus in Judaeorum salutem intentus erat Apostolus. Inde fiebat, ut in extremum hoc votum erumperet.

einer Grenze langt er endlich an. Bis hierher und nicht weiter. Durchschlagend und entscheidend sind die Gefühle des Herzens nicht. Ueber dem Herzen steht der Geist. Das πνεῦμα hat das Scepter des Regiments in seiner Hand. „Ich bin gebunden im Geist": so hat Paulus einmal gesagt. Auch Angesichts Israels ist er sich dieser Gebundenheit vollbewusst.

2. Seine Gebundenheit im Geist.

Gebunden im Geist hat Paulus sich gewusst, obwohl er fragt, bin ich nicht Apostel? bin ich nicht frei? Gebunden im Geist hat er sich gewusst. obwohl er rühmend bekennt: der Herr ist der Geist, und wo der Geist des Herrn ist. da ist Freiheit. Keinen andren Begriff hat er so sorgsam vor jedem Missbrauch zu schützen und in seiner Reinheit unbefleckt zu bewahren gesucht, als den der Freiheit. „Ἐλεύθερος ὢν ἐκ πάντων ἔννομος Χριστοῦ τὰ πάντα γέγονα". „Πᾶσιν ἐμαυτὸν ἐδούλωσα". Es war inzwischen ein bestimmter, ein speziell begrenzter Beruf, den der Herr ihm überwiesen hat. „Ἐφ' ὅσον εἰμὶ ἐθνῶν ἀπόστολος, τὴν διακονίαν μου δοξάζω," so erklärt der Empfänger selbst. Er hat ihn erkannt und vollführt. diesen Beruf, der die Freude seines Lebens. ja sein ganzes Lebensglück geworden ist. Aber nur in dem Maasse stand ihm diese καύχησις zu, in welchem er sich streng innerhalb der Schranken hielt, in denen seine Laufbahn sich vollenden soll. Hier oder dort war er etwa von Seiten seiner καρδία zu Ausweichungen, zu Uebergriffen versucht. Aber corrigirend, rektificirend befand sich auf jedem Schritt seines Fusses der Geist in seinem Geleit. Einst hat der Herr seinen Jüngern die Warnung ertheilt „gehet nicht auf der Heiden Strasse und ziehet nicht in die Städte der

Samariter": eine andere κλῆσις war dem Paulus aufbewahrt. „Ὑμεῖς εἰς τὴν περιτομήν, ἡμεῖς εἰς τὰ ἔθνη": dahin hat er sich mit früheren Organen des Reichs verständigt und geeint. Eben in so fern war er denn gebunden im Geist.

Es gewinnt vielleicht den Schein, als hätte die selbsteigene Lage der Sache, wie sich dieselbe naturgemäss gestaltet hat, jede positive dem Apostel zugedachte Weisung entbehrlich gemacht. Wir sehen von dem Umstande ab, dass das Judenthum jede Entbietung des Paulus, so oft sie auch an dasselbe ergangen ist, mit beharrlicher Entschiedenheit zurückgewiesen hat.[37] Ungleich schwerer fallen andere Thatsachen in's Gewicht. Allezeit hat die Synagoge dem Apostel der Heiden ihren Beistand zu seiner Mission unter der Völkerwelt zu versagen gepflegt[38]). Ja wo immer er den Juden zum

---

[37]) Baumgarten hat bemerkt, dass einzig und allein die Synagoge zu Beröa für die Predigt des Paulus empfänglich gewesen sey. Wir bezweifeln es inzwischen, dass dieser Bericht des Lukas einen wirklichen Ausnahmefall verzeichnet hat. In dem weiteren Verlaufe seiner Schrift findet sich von einer christlichen Gemeinde zu Beröa keine Spur. Erst Jahrhunderte nachher taucht eine solche in der Geschichte auf. Hieronymus erzählt, er habe in Beröa ein hebräisches Matthäus-Evangelium, vermuthlich das εὐαγγέλιον καθ' Ἑβραίους entdeckt und eine Abschrift desselben heimgeführt. Ein ebionitisch erträumter Messias wird darnach von jener Gemeinde verehrt worden seyn. Sicher hätte ein Bekenntniss dieser Art dem Paulus zu keiner Befriedigung gereicht.

[38]) Man hat es unbegreiflich genannt, dass die Rede des Paulus auf dem atheniensischen Areopag so gar keine nennenswerthe Frucht getragen hat. Zweckentsprechender, geistvoller, eindringlicher konnte in der That keine Ansprache seyn. als wie sie hier aus dem gesalbten Munde des Heidenapostels gekommen ist.

Trotz gesegnete Erfolge zu erringen schien: überall sind sie es gewesen, die seine Arbeit zu hindern, die deren Frucht zu verstören auf dem Plan erschienen sind. Die Apostelgeschichte erstattet von den Anstrengungen Bericht, welche ihr Fanatismus in dieser Richtung in der Stadt Corinth unternommen hat. Und Paulus selbst hat die Künste aufgezeigt, durch welche es ihnen gelang, ihm seine Galatischen Gemeinden zu entfremden. Sie haben sie bezaubert und umstrickt, sie haben die Grundfesten ihres Bestandes zu erschüttern gewusst. Dort in Galatien waren sie so recht dem Feinde in der Parabel gleich, welcher den giftigen Lolch in das sprossende Weizenfeld zu mischen verstand. Der Apostel hat keine Gemeinde gehabt, wir nehmen selbst die ihm so treu ergebene Philippische nicht aus (vgl. Phil. 3, 2), welcher er nicht angelegentlich seine Warnung vor diesem Erbfeind entboten hat.[39]) Aber wenn es sich so verhalten hat, wenn be-

---

Und die Athener haben diesen meisterlichen Lehrer einen σπερμο-λόγος genannt. Der Misserfolg hat inzwischen seinen ausreichenden Erklärungsgrund. Eine Synagoge befand sich in Athen allerdings. Aber sie war unbedeutend und einflusslos, eine Beachtung wurde ihr nicht zu Theil. Die alttestamentliche Gottesoffenbarung war in der Hochburg der antiken Philosophen vollkommen unbekannt. Da hat es denn dem Apostel an der Basis einer fruchtbaren Keryktik gefehlt. Es bleibt schon dabei, dass die σωτηρία schlechterdings ἐκ τῶν Ἰουδαίων kommen muss.

[39]) So hat er sich in seinem Trostbrief an die Gemeinde zu Thessalonich erklärt (vgl. I. 2, 14 ff.): „Ihr seid die Nachahmer der Gemeinden Gottes in Judäa geworden, dass auch ihr von euren Volksgenossen dasselbe erlitten habt, was Jene von Seiten der Juden, die den Herrn Jesum und ihre eigenen Propheten getödtet

reits die einfache menschliche Reflexion die Entschliessung in ihm gezeitigt hat „euer Blut komme über euer Haupt, mein Weg geht zu der Heidenwelt": weshalb noch eine Weisung von Oben her? warum reden wir von einer Gebundenheit im Geist, welche dem Fuss des Apostels seine Direktive gab? Aber in der That, es hat derselben bedurft. Paulus nimmt das Geständnis nicht zurück, und niemals hat er dasselbe zurückgenommen, welches er an der Spitze des neunten Capitels zum Ausdruck bringt. Er hat die Rechte der καρδία anerkannt, ja er hat sie gewahrt; und wenn er dieselben auch für seine Person in Anspruch nimmt, so ist er dessen gewiss, dass weder Christus noch der heilige Geist ihn daraufhin desavouirt (vgl. C. 9, 1 ἐν χριστῷ, ἐν πνεύματι ἁγίῳ). Aber er weiss es auch, diese Rechte sind begrenzt. Es kommen Fälle da wird er selbst zu ihrer Verleugnung genöthigt seyn, denn er weiss sich gebunden im Geist. Da ist denn ein Disparates im inneren Haushalt beisammen. Eine tiefinnige Sympathie und eine prononcirte Aversion. Beide neben einander, ohne dass sie sich aufmachen zum gegenseitigen Kampf. Lassen wir den psychologischen Griffel noch beiseit. Wir werden nach demselben greifen, nur zur Zeit wäre dessen Verwendung verfrüht. Beruhen wir statt dessen auf dem Bilde, das Paulus selbst zum Zwecke der Schilderung seiner Situation gesucht und gefunden hat. In einen einzigen Ausdruck hat er das Bild gefasst. Geläufig ist ihm derselbe nicht, weder ihm

---

haben, erduldeten, welche Gott nicht gefallen und allen Menschen zuwider sind; οἳ κωλυόυσιν ἡμᾶς τοῖς ἔθνεσιν λαλῆσαι ἵνα σωθῶσιν, εἰς τὸ ἀναπληρῶσαι αὐτῶν τὰς ἁμαρτίας πάντοτε. Ἔφθασεν δὲ ἐπ' αὐτοὺς ἡ ὀργὴ εἰς τέλος."

noch der Schrift überhaupt. Aber er ist signifikant, er trifft, er erschliesst. Seine ὀδύνη hat der Apostel bezeugt und ἀδιάλειπτος, so hat er sie genannt. Diese Stufe hat seine λύπη erreicht.

3. Die Stufe der ὀδύνη.

Wir müssen in andren Begriffen versiren, um diese Stufe der ὀδύνη zu verstehen, als welche bislang für unseren Zweck die genügenden gewesen sind. Die Sympathie und die Aversion, sie wollen jetzt ethisirt, sie wollen mit ihrem wesentlichen Gehalt versehen seyn. An die Stelle der Sympathie tritt die Liebe, an die der Aversion tritt der Hass. Lieb gehabt hat Paulus sein Volk, seine ἀδελφοί, seine συγγενεῖς κατὰ σάρκα, seine selbsteigene σάρξ; lieb gehabt hat er dasselbe um des Gottes willen, dessen Nachfolger er in diesem Betracht gewesen ist. „Γίνεσθε οὖν μιμηταὶ τοῦ θεοῦ ὡς τέκνα ἀγαπητά, καὶ περιπατεῖτε ἐν ἀγάπῃ, καθὼς ὁ Χριστὸς ἠγάπησεν ἡμᾶς": so hat er (Ephes. 5, 1) seine Gemeinden ermahnt. Er weiss sich verbunden, ihnen auf dieser Liebesbahn voranzugehen. Er vor Allen will insofern der Nachahmer Gottes seyn. Denn Gott war dem Volke, das er sich erwählt hat, von ganzem Herzen zugethan. „Als Israel jung war, da war er mir lieb." Aber im ganzen Verlauf der Geschichte, bis in das tausendste Glied, blieb diese Liebe im unveränderten Bestand. „Ἀμεταμέλητα τὰ χαρίσματα τοῦ θεοῦ." Reuelos und unveränderlich bleibt er getreu, sich selbst leugnet er nicht. „Jakob habe ich geliebt, Esau habe ich gehasst": so war es beschlossen, so war es verbürgt.[40]

---

[40] Aus dogmatischen Gründen haben die kirchlichen Theologen

Wer hätte sich unterwunden, und wenn diess selbst ein
Paulus war, wer hätte sich unterwunden, anders gesonnen
und anders gerichtet zu seyn? Er am wenigsten, er zuletzt,
hätte ein Unterfangen dieser Art gewagt. Er hat geliebt was
Gegenstand der Gottesliebe war. Keine Reflexion, keine Er-
innerung, keine Erfahrung hat ihm die so motivirte, die so
gegründete Liebe zu erschüttern, zu verleiden vermocht.
Aber neben derselben blieb eine andre, eine entgegengesetzte Herzensstellung in nicht minder gesichertem Bestande.
Die ἀγαπητοί sind zu gleicher Zeit und in gleichem Ernste
auch die ἐχθροί. Die Aversion ist ein qualificirter Hass.

---

die Behauptung gewagt, non agere Paulum de Jacobo et Esavo
secundum personas, sed de eorum posteris. Sie berufen sich auf
die zahlreichen alttestamentlichen Stellen, in welchen der Hass
Gottes gegen die Edomiter zum eclatanten Ausdruck gekommen ist.
Vgl. Mal. 1, 2; Jerem. 49, 10; Ezech. 25, 13. Und zu diesen
Stellen Hengstenberg, Christ. des A. T. I. S. 463 ff. Fritzsche hat
es allerdings überzeugend dargethan, dass der Apostel dem Texte
zufolge durchaus nur die Personen des Bruderpaares im Gedanken
getragen hat. Seine Polemik gegen die Orthodoxen wäre aber vielleicht minder scharf ausgefallen, und er hätte wohl auch die gewagte Bemerkung unterdrückt „dubitari potest, utrum Paulus jure
an injuria tristem suam sententiam illis Veteris Testamenti locis
firmaverit", falls er es erwogen hätte, dass dem Urtheil des Apostels
über das Judenthum seiner Zeit, also über die posteri, dem Urtheil
„ἀγαπητοὶ διὰ πατέρας" die authentische Gotteserklärung „τὸν
Ἰακὼβ ἠγάπησα" schlechthin unentbehrlich gewesen ist. Uebri-
gens war das Bekenntniss Gottes, ich habe Jakob geliebt und Esau
habe ich gehasst, in dem Urtext der Genesis, Cap. 25, 27, durch
die Erklärung „Jakob war ein frommer Mann und blieb in den
Hütten, Esau aber ward ein Jäger" mehr als ausreichend motivirt.

Aber nicht von daher hat derselbe seinen Ausgang genommen, was Paulus von Seiten der Juden erlitten hat. Ueber
das alles führte seine Liebe ihn hinaus. „Ἡ ἀγάπη πάντα
στέγει⁴¹), πάντα ὑπομένει." Nur an Einer Stelle reichen die
Kräfte derselben nicht aus. An dieser Einen Stelle schlägt
sie selbst, sie kann nicht anders, in ihr striktes Gegentheil
um. Gottes μιμητής ist Paulus gewesen, sofern er sein Volk
mit der treuesten Liebe begleitet hat: aber nicht minder war
er der Nachfolger Gottes, wenn er diesem Volke in einem
Hasse göttlicher Art⁴²) gegenübergestanden hat. Sie waren

---

⁴¹) Vergessen hat der Apostel es den Juden nicht, was er von
ihrer brutalen Hand erduldet hat. Gegen die Corinther hat er
darüber einmal seine bittere Klage zum Ausdruck gebracht. Vgl.
2. Cor. 11, 24 ff. Fünfmal haben sie ihn gegeisselt, vierzig Streiche
weniger eins haben sie ihm zugetheilt; dreimal haben sie ihn ge-
stäupt und einmal gesteinigt. Sein Gedächtniss war treu, er hat
genau gemerkt. Timotheus war sein Zeuge, οἵους διωγμούς er
von ihnen in Antiochien, in Ikonium und in Lystra erfahren hat.
Aber wenn er es immer weiss, „Judex ergo qnum sedebit, nil in-
ultum remanebit": er selbst wird ihr Verkläger niemals seyn. „Μὴ
αὐτοῖς λογισθείη". Sondern „λοιδορούμενοι εὐλογοῦμεν, διω-
κόμενοι ἀνεχόμεθα, βλασφημούμενοι παρακαλοῦμεν". Unter
keinen Umständen haben persönliche Leiden auf die allgemeine
Stellung influirt, die der Apostel gegen Israel consequent behauptet hat.

⁴²) Das Prädikat scheint mit dem Subjekt, von welchem es
ausgesagt wird, nicht wohl vereinbar zu seyn. Allein man wird sich
daran erinnern, dass auch sonst in der Schrift, besonders in den
Paulinischen Briefen, diess Attribut an Begriffe angeschlossen wird,
zu welchen es sich irrational zu verhalten scheint. Nicht bloss von
einer göttlichen Traurigkeit redet der Apostel, auch von einer gött-

ihm ἐχθροί. invisi. reprobati, wie sie diess vor dem Angesicht
Gottes gewesen sind. „Respectu Dei et Pauli“: so hat Bengel
in einer zutreffenden Note bemerkt.[43]) Aber wie ist es dahin
gekommen? Was hat diesen Gotteshass motivirt? Einen
Paulus hat die Thatsache nicht getäuscht, dass Israel einen
ζῆλος θεοῦ zur Schau getragen hat. An sich hat er denselben anerkannt. „Καλὸν τὸ ζηλοῦσθαι ἐν καλῷ πάντοτε“
Gal. 4, 18. Aber fanatisch gerichtet wie er war hat dieser
scheinbare Eifer aller und jeder ἐπίγνωσις entbehrt.[44]) Auf
Grund der Schrift hat der Apostel das Judenthum seiner Zeit
im zweiten Capitel unseres Briefes vom siebzehnten Verse ab
in erschütternden Citaten zu charakterisiren versucht. Das
Bild, welches er entworfen hat, hat er durchweg in ein tief-
dunkles Schwarz gemalt. Er hat auch dessen einzelne Züge,
die Symptome vollkommenster Verderbniss, zu einer einheit-
lichen Summa zusammengefasst. „Οὐκ ἔστιν ὁ συνιῶν, οὐκ
ἔστιν ὁ ἐκζητῶν τὸν θεόν. οὐκ ἔστιν φόβος θεοῦ ἀπέναντι
τῶν ὀφθαλμῶν αὐτῶν.“ Gleichwohl erst jetzt, erst hier in
den uns vorliegenden drei Capiteln hat er die Verschuldung
des Volks in ihrer Höhe und Tiefe, in ihrer Länge und Breite

---

lichen Thorheit, ja von einer göttlichen Schwachheit hat er gewusst.
Da dürfte denn auch die Vorstellung eines göttlichen Hasses kaum
als eine schwer vollziehbare erscheinen.

[43]) Vgl. Ps. 139. 21. 22: ich hasse. o Herr, die dich hassen;
ich hasse sie mit vollem Hasse, sie sind mir Feinde.

[44]) Der Herr selbst hat diess Paulinische οὐ κατ᾽ ἐπίγνωσιν
mit seiner Erklärung versehen. Vgl. Joh. 5, 37: „Niemals habt ihr
Gottes Stimme gehört, nie habt ihr seine Gestalt gesehen, und sein
Wort wohnet nicht in euch.“ Das aber war davon die Folge: ihr
hasset Beide, mich und gleich also auch den Vater. Joh. 15, 24.

aufgezeigt. Vorhanden war sie ja immer gewesen, die con-
tumacia der immorigeri, und die Rügen des unfrommen
Wesens, das in dem trägen ἐπαναπαύεσθαι τῷ νόμῳ, in
einem eitlen καυχᾶσθαι ἐν θεῷ seine Deckung fand, hat
weder das Gesetz noch das Prophetenthum gespart. „Ἀεί“
so durfte ihnen der Protomartyr bekennen „ἀεὶ ὑμεῖς τῷ
ἁγίῳ πνεύματι ἀντιπίπτετε, ὡς οἱ πατέρες ὑμῶν, καὶ ὑμεῖς.“
Und „ὅλην τὴν ἡμέραν“ [45]) so klagt der Hüter Israels „habe
ich meine Hände zu dem λαὸς ἀντιλέγων ausgestreckt.“ Da
hat es denn dringend der Wirksamkeit eines Paulus bedurft. Den wahren, den untersten Grund hat sie klar gestellt, aus welchem Israels Verschuldung hervorgegangen
sey; und ihr helles Licht hat mit vernichtendem Strahle
die in der Tiefe verborgene Sünde gestraft. So lesen
wir Röm. 10, 3: ἀγνοοῦντες τὴν τοῦ θεοῦ δικαιοσύνην
καὶ τὴν ἰδίαν δικαιοσύνην ζητοῦντες στῆσαι, τῇ δικαιοσύνῃ τοῦ θεοῦ οὐχ ὑπετάγησαν. Hierdurch, so lehrt der
Apostel, sey die erfolgte ἔχθρα erklärt. Zu einer eingehenden
Ausführung hat er sich vom fünften Verse des Capitels ab
veranlasst gesehen. Sinnvoll, geistvoll, würden wir dieselbe
nennen, wäre der Charakter enthüllender Aufschlüsse ihr nicht
gewiss. Auf das Testament des scheidenden Moses greift
Paulus zurück.[46]) Eigentlich citirt hat er die Mosaischen

---

[45]) Ueber die Formel ὅλην τὴν ἡμέραν vgl. Dillmann, Comm.
zum Jesaja S. 259. „Nicht ein allezeit im Gegensatz zur an-
gemessenen Zeit ist mit derselben gewollt, sondern ein immerfort,
so dass niemals eine Sistirung des ἐκτείναι τὰς χεῖρας Platz gegriffen hat.“

[46]) Eine überaus lehrreiche und wohlthuende Abhandlung über

Worte nicht; die Autorität des Führers Israels hat er in diesem Falle nicht implorirt; aber als ein hochwillkommenes Darstellungsmittel hat er dieselben zur Verwendung gebracht.[47]) Darauf kommt es denn freilich an, dass der Nerv der „allusio suavis" auch richtig getroffen wird.[48]) Von vorn ab scheidet die Annahme aus, als hätte Paulus die Differenz der beiden Testamente im Auge gehabt, als wäre unter dem ersten dasjenige unerreichbar gewesen, was in Christo erreichbar geworden sey. Aber unannehmbar ist nicht minder

---

diese Mosaisch-Paulinische Stelle verdanken wir dem verewigten Knapp. Sie findet sich im zweiten Theile der scripta varii argumenti P. 543 unter dem Titel „diatribe in locum Paulinum ad Romanos X. 4—11 et Mosaicum Deuteron. XXX, 11—14; quorum prior est de aeternae salutis spe in nemine extra Christum redivivum collocanda". Die Lektüre dieser mustergültigen diatribe sey hiermit dringend anempfohlen.

[47]) Zutreffend hat Bengel bemerkt „ad locum Mosaicum haec quasi parodia Apostoli suavissime alludit sine expressa allegatione".

[48]) In seinem Werk über den Hexateuch hat sich Dillmann (vgl. Tom. III. P. 383 ff.) über das gegenseitige Verhältniss beider Stellen nicht erklärt. Die Nöthigung zu einer Aeusserung, zu welcher er sich nicht veranlasst gesehen hat, hat er allerdings nicht gehabt, so erwünscht sie grade aus seinem Munde gar manchem Leser dürfte gewesen seyn. Wir nehmen es inzwischen mit Dank dahin, wenn der gewissenhafte Forscher in der Mosaischen Stelle den Nerv in dem Zwiefachen gefunden hat, einmal in der Erklärung, dass die Gottesoffenbarung nicht zu hoch und zu schwierig, auch nicht zu unbekannt und fern abliegend, sondern statt dessen sehr nahe sey; und sodann in der Versicherung, dass die ὑποταγή unter dieselbe die unerlässliche Bedingung alles Heils und alles Segens sey. In der Paulinischen Allegation hat freilich das Eine wie das Andre die Stufe einer gesteigerten Potenz erreicht.

die Voraussetzung, als bewege sich der Apostel innerhalb des Gegensatzes, in welchem ein leicht und ein schwer zu Erbringendes einander gegenüberstehen (vgl. Hofmann Comm. S. 437). Sondern auf denjenigen Ausdrücken haben wir zu beruhen, auf welchen der unzweifelhafte Nachdruck liegt. Das ist einmal der Begriff des ῥῆμα θεοῦ, und sodann das Prädikat, welches demselben angeschlossen wird, nemlich das ἐγγύς. Schon von der Bundesschliessung ab, schon seit dem Abraham her, war ein Rathschluss der Gnade Gottes in Kraft. Seine εὐδοκία hat ihn gefasst. Als eine δωρεά, als ein χάρισμα, will er seine δικαιοσύνη dem Glauben, dem Glaubensgehorsam verleihen. Das hat bereits Moses, das haben hernach auch die Propheten bezeugt; und der Sohn, durch welchen der Vater zuletzt zu der Welt geredet hat, hat die frohe Botschaft verbürgt. Aber Israel, ζητῶν τὴν ἰδίαν δικαιοσύνην στῆσαι, hat die Entbietung der Gnade, es hat das ῥῆμα τῆς πίστεως, entschieden und beharrlich abgelehnt. Zunächst diejenige Ladung, die aus dem selbsteigenen Munde Jesu Christi ging,[49] dann aber vornemlich das ῥῆμα τῆς

---

[49] Wir erinnern nicht an den ruhmredigen Pharisäer, der dort im Tempel dem allwissenden Gott seine Verdienste vorzutragen wagt. Sondern auf edlere Gestalten bitten wir zu achten, von welchen die evangelische Geschichte Bericht erstattet hat. „Jesus sahe den jugendlichen Reichen an und liebte ihn." Von Jugend auf hatte derselbe das Gesetz gekannt und gehalten; nur die Empfindung der δικαιοσύνη trug dieser Gehorsam ihm nicht ein. „Was soll ich thun? Nenne mir das denkbar Schwerste; ich bin dazu bereit. Aber habe ich es dann vollbracht, so falle mir auch zu meinem Lohne das ewige Leben anheim." So sprach er, und ἐγγὺς αὐτοῦ stand der Herr mit seinem Wort „mein Joch ist

πίστεως, wie Paulus dasselbe verkündigt hat. „Τὸ ῥῆμα ὃ ἡμεῖς κηρύσσομεν", „τὸ ῥῆμα οὗ ἐγὼ Παῦλος διάκονος εἰμί": diess Selbstgefühl hat der Apostel nicht unterdrückt, sondern er hat dasselbe gern und wiederholt zum Worte kommen lassen. Und ἐγγύς σου ἐστίν, mit diesem Prädikat hat er seine Predigt versehen. „Σφόδρα ἐγγύς σου ἐστὶν τὸ ῥῆμα" das hatte Moses von dem Gottesworte ausgesagt: ἐγγύς σου ἐστίν": so hat sich auch Paulus Israel im Angesicht über sein κήρυγμα erklärt. „Ἐγγύς"![50]) Wie hat er den Ausdruck gemeint? Hat er die ἐξουσία, die Gewalt seiner Rede in Gedanken, die Macht, die jedes Widerstrebens spotten darf, jene Gewalt, welcher er wiederholt (vgl. 2. Cor. 10, 45) sein selbsteigenes Zeugniss gegeben hat? Oder hat er vielleicht

---

sanft und meine Last ist leicht; folge mir nach und du wirst Ruhe finden für deine Seele." Für die Gnadengabe, die dem Glauben an Christum χωρὶς ἔργων νόμου verliehen wird, hatte er kein Organ, und in seiner Hoffnung getäuscht wich er trauernden Gemüths εἰς τὰ ὀπίσω zurück.

50) Mit intensivem Fleisse hat Knapp die Bedeutung des Adverbiums klar zu stellen versucht. „Noli tecum dicere, spem perdidi, neque in coelo neque apud inferos interpretem Dei requiro. Sic enim justitia fidei nos ab ἀθυμίᾳ ad εὐελπιστίαν revocans loquitur: ne desperes propter rei difficultatem; facilis factu est. Τὸ ἐγγύς, τὸ οὐ μακράν, τὸ πλήσιον, quod praesto est significant, quod quis in promtu habet, quod facili negotio invenitur, acquiritur, cognoscitur, peragitur, τὸ ῥάδιον, οὐ βαρύ, οὐ δύσεργον." Wir besorgen inzwischen, dass der treffliche Ausleger insofern ein Unterschiedenes verwechselt hat, indem er den Schwerpunkt auf das den Menschen möglich, erreichbar Gewordene fallen lässt, während unzweifelhaft das durch Gott und durch Gottes Gnade Geleistete in erster Reihe Stellung nimmt.

mehr noch die Thatsache im Auge, die er am Schlusse des zehnten Kapitels zur Geltung bringt? Welche Thatsache? Nun die, dass der Schall seiner Predigt εἰς πᾶσαν τὴν γῆν, εἰς τὰ πέρατα τῆς οἰκουμένης, εἰς πᾶσαν κτίσιν ὑπὸ τὸν οὐρανόν in einem siegreichen Laufe hindurchgedrungen ist? Rein an und für sich glich sie ja einem Stachel, welcher in Israels Bewusstseyn haften will. Unmittelbar hat sie diesen Effekt nicht hervorgebracht. Das Volk blieb seinem Eigenwillen treu. Ein Unmuth, ein tiefer Unwille wird in dem Herzen des Paulus wach. Das Verhältniss der ἔχθρα greift Platz. Der Apostel hat sein Volk gehasst, er hat es gehasst mit „vollem" Hass. Und doch hat er dasselbe wiederum so tief, so innig lieb gehabt. Liebe und doch Hass; Hass und doch Liebe; und das Eine wie das andere in der ganzen Strenge des Begriffs. In einander können die beiden nicht seyn; aber neben einander verfolgen sie ihre parallele Bahn. Jakobus wirft einmal die Frage auf, ob aus Einem Brunnen Süsses und Bitteres quellen kann, ob aus Einem Munde εὐλογία und κατάρα gehen darf. Wie wird, wie muss es dem Paulus zu Sinne gewesen seyn, wenn so Disparates in seinem inneren Haushalt beisammen war! Auch der Gott, welcher die Liebe ist, hegt einen Hass. Dennoch bleibt er der selige Gott. Der μόνος δυνάστης hört nimmer auf, der θεὸς μακάριος zu seyn, 1. Timoth. 6, 15. Aber ein geschaffener Geist, und wenn es selbst der Geist eines Paulus war? Der Apostel hat auch sonst empfindliche Störungen des Gleichgewichts seiner Seele eingeräumt. Er gesteht es den Corinthern einmal (vgl. 2. Cor. 7, 5) „ἐσχήκαμεν οὐδεμίαν ἄνεσιν, ἀλλ᾽ ἐν παντὶ θλιβόμενοι, ἔξωθεν μάχαι, ἔσωθεν φόβοι. Aber wie verschwand diess Geständniss vor dem gegenwärtigen Fall! Er selbst hat seine

4*

unsäglich peinvolle innere Situation zu deuten versucht. Die
ὀδύνη war der einzige Ausdruck, der ihm zum Zweck ihrer
Charakterisirung bräuchlich erschien. Und eine ἀδιάλειπτος,
so hat er seine ὀδύνη genannt. Liess sie sich denn ertragen?
Musste er nicht ausschauen nach einem Mittel „τοῦ δύνασθαι
ὑπενεγκεῖν τοῦτον τὸν πειρασμόν"?[51]) Er hat es gethan, und er hat
es mit Erfolg gethan. Ein Stern stand leuchtend über seinem
Haupte. Die Hoffnung ist dieser Stern. „Τῇ ἐλπίδι ἐσώθημεν",
diese Aussage hat er einmal gemacht: auch in seiner Stellung
zu Israel war die ἐλπίς sein Halt. Die ἐλπίς μένουσα hielt

---

[51]) Man hat zum Zwecke der Illustration eine alttestamentliche
Erzählung, die Geschichte des Sehers Bileam, zur Verwendung gebracht. Ueber den Bericht Numer. 22, 2—24, 25 als solchen vgl.
die ausführliche Darstellung von Dillmann (Hexateuch III. S. 135
bis 167), und die Monographie von Hengstenberg „die Geschichte
Bileams und dessen Weissagung" 1842. Wir können die Ver-
werthung dieser Erzählung für den vorliegenden Gegenstand, wie
sie Baumgarten (in der Schrift über die AG. S. 358) angetreten
hat, als einen gelungenen Versuch nicht erachten. Die Situation
des Apostels ist so durchsichtig und klar, dass ein aus dieser
Ferne herbeigerufenes Erklärungsmittel entbehrlich erscheint. Fluch
und Segen sind überhaupt diejenigen Categorien nicht, innerhalb
deren sich der Ausleger in unserem Falle zu bewegen hat. Baumgarten hat auch insofern einen Fehlgriff gethan, als er die Klage,
die der Apostel 2. Cor. 12, 7 über ein drückendes Hemmniss erhebt, als eine erschliessende Parallele zur Geltung bringt. Eine
ὀδύνη, welche Paulus ausdrücklich als eine Pein seiner καρδία
bezeichnet hat, hat mit einem Leiden nichts zu thun, das er in
seinem Fleische empfand und welches er Galat. 4, 13. 14 sehr bestimmt als eine ἀσθένεια τῆς σαρκὸς αὐτοῦ, als einen πειρα-
σμὸς ἐν τῇ σαρκὶ αὐτοῦ geschildert hat.

der ὀδύνη ἀδιάλειπτος siegreichen Stand. Israels Bekehrung zu Christo hat Paulus erhofft. Ueber deren Zeit und Stunde hat er sich keine Gedanken gemacht. Was sind Jahrtausende in der Reichsgeschichte des Herrn! Ein Tag, welcher gestern vergangen ist. Aber unerschütterlich sicher war ihm der Fernblick, den er genommen hat. Er war seine Freude, er war sein Trost.

Der Fernblick des Apostels.

1. Die genommene Aussicht.

Eine Aussicht hat der Apostel was das Judenthum betrifft genommen. und in die Worte „πᾶς Ἰσραὴλ σωθήσεται" hat er dieselbe gefasst. In einem früheren Zusammenhange haben wir die Enunciation bereits erklärt. Wir kommen jetzt auf das damals erbrachte, als unumstösslich sicher erwiesene Resultat nochmals zurück. Es geschieht diess in dem Interesse, den Schein der Wahrheit zu zerstören, vermittelst dessen eine entgegengesetzte Interpretation sich noch immer mit zäher Beharrlichkeit zu behaupten sucht. Vorhanden ist dieser Schein in der That. Paulus erinnert die Leser an eine Erfahrung des Elias, an das Gotteswort, das an den Propheten ergangen war „ich habe mir Tausende übrig gelassen, κατέλιπον ἐμαυτῷ, deren Knie sich dem Baal nicht gebeugt". Daraufhin fällt er das Urtheil [52]): οὐ πάντες οἱ ἐξ Ἰσραήλ, οὗτοι Ἰσραήλ, οὐδὲ ὅτι εἰσὶν σπέρμα Ἀβραὰμ πάντες τέκνα,

---

[52]) Dem Herrn hat der Apostel diess Urtheil nachgesagt. Vgl. Joh. 8, 37 ff.: Ich weiss. dass ihr Abrahams σπέρμα seid, aber seine τέκνα seid ihr nicht, so wenig wie ihr Kinder Gottes seid.

οὐ τὰ τέκνα τῆς σαρκὸς ταῦτα τέκνα τοῦ θεοῦ. ἀλλὰ τὰ τέκνα τῆς ἐπαγγελίας εἰς σπέρμα λογίζεται (Röm. 9, 6 ff.). Scheint diesen Aussagen zufolge nicht wirklich die Vermuthung im besten Rechte zu seyn, dass das „πᾶς Ἰσραὴλ σωθήσεται" in einem eingeschränkten Verstande zu fassen sey? „Πᾶς Ἰσραήλ": muss denn diess πᾶς schlechterdings eine umfassende Menge, muss es jene Masse seyn, deren Zahl der Prophet mit dem Sande des Meeres verglichen hat?[53]) Kann es nicht statt dessen den begrenzten Kreis beschliessen, dessen Schranken das λεῖμμα κατ' ἐκλογὴν χάριτος, das ὑπό-

---

[53]) Paulus hat die Stelle des Jesaja Cap. 10, 20 als Autorität citirt. Kraft seiner einführenden Worte „Ἡσαΐας κράζει ὑπὲρ τοῦ Ἰσραήλ" hat er auf sein Citat einen hohen Werth gelegt. Unbestritten ist sowohl die Exegese der prophetischen Worte wie die Tendenz, in welcher der Apostel sie verwendet hat. Was jene betrifft, so will die Betrachtung von Dillmann (Comm. zum Jes. S. 111), was diese angeht dürfte die Erörterung von Hofmann (Comm. S. 416) der Beachtung zu empfehlen seyn. So viel ist offenbar, das Auge des Propheten sieht die Masse Israels der Macht von Assur erliegen; aber es erschaut auch einen Rest von Entronnenen. Dieser Rest wird sich bekehren zu dem starken Gott und in ein treues Volk gewandelt seyn. Kraft dieses λεῖμμα verschwindet Israel aus der Geschichte nicht, es behauptet in derselben seinen Platz, und eine herrliche Zukunft ist ihm sicher. Paulus verwendet die Stelle. Und in der That, es gewinnt den Schein, er habe sie insofern auf die Gegenwart exemplificirt, als auch jetzt die Masse der Juden dem Verderben verfällt, während ein λεῖμμα von dieser Masse gesondert mittelst der Bekehrung zu dem Herrn der σωτηρία theilhaftig wird. Blendend ist dieser Schein. Es ist inzwischen die Frage, ob er sich wirklich mit der Wahrheit deckt.

λεμμα, gezeichnet hat? Hat Paulus nicht doch vielleicht die kleine Schaar im Auge gehabt, welche die Verheissung der Väter bewahrt und deren Erfüllung in Besitz zu nehmen gewürdigt wird? Die Frage will entschieden seyn. Es ist uns nicht zweifelhaft, nach welcher Seite die Wagschale sich neigt. Die Autorität der Geschichte hat den umstrittenen Ausdruck deklarirt. Von ihr aus wissen wir, was es auf sich hat mit diesem πᾶς. Wer ist es gewesen, der dort im Richthaus des Pilatus das σταυρωθήτω gefordert hat? „Πᾶς ὁ λαός", so berichtet der Evangelist, hat παμπληθεί das αἶρε τοῦτον von dem Landpfleger verlangt. Und „ὁμοθυμαδόν" hat das Volk Israel in der Geschichte des Stephanus die nationale Verwerfung Jesu proclamirt (AG. 7, 57). Gegen diess Volk als solches, als ganzes, gegen das πᾶς Ἰσραήλ, schleudert denn Petrus (AG. 3, 14) den vernichtenden Vorwurf, dem dasselbe nicht entgehen kann.[54]) Aber für eben diess Volk, für das πᾶς Ἰσραήλ in dem gedeuteten Sinne, hat Paulus eine fröhliche Hoffnung gehabt. Dasselbe wird sich zu Christo bekehren, es wird eingehen in das Himmelreich. Gegen die Römer spricht der Apostel seine dahin gehende Ueberzeugung ausdrücklich aus: verkündigt hat er dieselbe inzwischen schon längst. Hin und wieder hat er sie in früheren Briefen auch leise zu deuten gewagt. Einen Fall dieser Art zeichnen wir

---

[54]) In einem jetzt fast verschollenen Werk, der Geschichte Jesu von Ernst Rénan, findet sich der antichristlichen Tendenz desselben zum Trotz das merkwürdige Bekenntniss, dass im ganzen weiten Umfange der Weltgeschichte kein gleich schweres Verbrechen begangen worden sey, als dessen die jüdische Nation an Jesu schuldig geworden sey.

aus. Er schreibt an die Corinther (II. 3, 14 f.) über Israel: ἕως σήμερον, ἡνίκα Μωϋσῆς ἀναγινώσκεται, κάλυμμα ἐπὶ τὴν καρδίαν αὐτῶν κεῖται. Gottes Gericht hat sie verblendet; sie haben Augen und sehen nicht. Aber ein zweites ἡνίκα schliesst er an. „Ἡνίκα δ' ἂν ἐπιστρέψῃ πρὸς κύριον, περιαιρεῖται τὸ κάλυμμα." Ist das ein abstrakter Fall, auf welchen seine Phantasie gerathen ist? Nein; sondern eine ihrer selbst gewisse Hoffnung bricht aus dem zweiten ἡνίκα hervor. Die Zeit sieht er kommen, da es gilt „οὐκ ἔνι Ἰουδαῖος, ἀλλὰ πάντα καὶ ἐν πᾶσιν Χριστός. Τέλος γὰρ νόμου Χριστὸς εἰς δικαιοσύνην παντὶ τῷ πιστεύοντι" (Röm. 10, 4). Allein eine neue Frage stellt sich ein. Woraufhin hat der Apostel seine erquickende Aussicht gefasst? Auf welches Fundament hat er dieselbe basirt? Er spricht von der εὐδοκία seines Herzens. Diess Herz war von einer tiefen Liebe gegen Israel erfüllt. Und er selbst hat ja einmal bezeugt, ὅτι ἡ ἀγάπη πάντα ἐλπίζει (1. Cor. 13, 7). Aber kann sie nicht blind seyn, diese Liebe? Kann sie sich nicht in täuschenden Träumen ergehen? Ist auf Alles, was sie eingiebt, ein fester Verlass? Paulus baut weiterhin auf seine δέησις, auf seine Fürsprache ὑπὲρ τῶν ἀδελφῶν αὐτοῦ πρὸς τὸν θεόν. Und er wenn Einer hat es gewusst, dass der Herr Gebete, dass er namentlich Fürbitten zu erhören pflegt. Aber dessen hat er sich doch kaum unterwunden, dem gerechten und allweisen Gott kraft seiner Intercession ein Rathgeber zu seyn. Man vermuthet vielleicht, dass sein hoffender Ausblick durch Motive anderer Art begründet war. In der ἄγνοια der Juden hatte Petrus (AG. 3, 17) den Schlüssel erkannt, welcher ihre Missethat erklären kann. Daraufhin hat er erwartet, sie werden ernüchtert aus den Banden ihres Wahns den Weg der Busse finden, und der Tag der Erquickung vom Angesicht des Herrn wird ihnen nicht entgehen. Hat etwa auch Paulus Gedanken dieser Art bei sich bewegt? Allerdings, auch er hat von einer jüdischen ἄγνοια gewusst (vgl. das ἀγνοοῦντες Röm. 10, 3); allein er hat zugleich deren tief liegende Wurzel erkannt und aufgezeigt. „Ζητοῦσιν στῆσαι τὴν ἰδίαν δικαιοσύνην.“ So lange diese bittere Wurzel im Bestande war, so lange war ihre ὑποταγή unter die δικαιοσύνη Gottes ein aussichtsloser Traum. Hat der Apostel gleichwohl eine Bekehrung Israels erhofft, so musste seine Hoffnung auf einem sonderlich soliden Grunde ruhen. Er hat ihn genannt. Eine Gottesoffenbarung war deren absolut gesichertes Fundament.

Israels trostlose Verstockung hat Niemand so klar erkannt und so tief beklagt, wie diess einem Paulus gegeben war. Aber Ein Gedanke hat das Gleichgewicht seiner Seele gewahrt, der Gedanke, dass diese Verstockung nur eine zeitweilige Dauer haben soll. [55]) Eine Stunde wird schlagen, da wird das κάλυμμα den Augen des Volks entsunken seyn; das ἐὰν ἐπιστρέψῃ πρὸς τὸν κύριον wird wahr. Er selbst ist davon auf das festeste überzeugt; seine Ueberzeugung bringt er zur

---

[55]) Dass das ἀπὸ μέρους Röm. 11, 25 in diesem Sinne aufzufassen sey, so viel hat Hofmann (vgl. Comm. S. 496 und Schriftbeweis III. S. 95) auf Grund zahlreicher Parallelen überzeugend dargethan. Man sollte aufhören, den Ausdruck von einem Bruchtheil des Volks zu verstehen. Denn πᾶς Ἰσραήλ war in Haupt und Gliedern verstockt, und πᾶς Ἰσραήλ soll zur σωτηρία gelangen. Leider hat Bengel mit Zähigkeit eine irrige Interpretation geschützt. So lange er freilich das später zu beleuchtende πλήρωμα von einem supplementum copiosissimum verstanden hat, hat er anders kaum gekonnt. das ἀπὸ μέρους musste ihm ein ex parte seyn.

fremden Cognition. Namentlich seine Leser sollen darum
wissen. Οὐ θέλω ὑμᾶς ἀγνοεῖν, ἀδελφοί. Aber nicht eine
Ansicht, eine Meinung trägt er ihnen vor, sondern ein μυστήριον giebt er ihnen kund. Der Ausdruck ist der Schrift, vornemlich dem Paulus, ein geläufiger. Doch nicht überall trägt
er den gleichen Gehalt. Sie ist ganz annehmbar, die Distink-
tion, welche Bengel vollzogen hat. „Paulus mysteria vocat
non semper ea dogmata, quae fidelibus initio sunt necessaria
cognitu, sed arcana multis etiam fidelibus ignota, donec illis
ea fidei caritatisve causa re cogente ex scripturis antehac ob-
signatis aperirentur. In der That hat ja der Apostel mehrfach den gesammten Heilsrathschluss Gottes ein μυστήριον
χρόνοις αἰωνίοις σεσιγημένον, νῦν δὲ φανερωθὲν εἰς ὑπακοὴν
πίστεως zu nennen geliebt; gleichwie der Herr selbst was er
dem Ohr seiner Jünger entbietet und was diese Jünger der
Welt zu enthüllen berufen sind. als die μυστήρια der βασι-
λεία bezeichnet hat. Aber auch insofern ist dem trefflichen
Ausleger wohl ein allgemeiner Beifall gewiss. als derselbe
der Categorie derjenigen arcana, quae etiam multis fidelibus
ignota sunt, einmal die vocatio gentium, und sodann die conversio Israelis unterstellt. Freilich will diess Zwiefache
wiederum mit Sorgfalt von einander gesondert seyn. Allerdings hat Paulus nemlich die vocatio gentium durchweg ein
μυστήριον zu nennen gepflegt. Das hat er gethan, obwohl
der Herr die Berufung der Heiden in hellen Worten und in
leuchtenden Thatsachen als einen Gottesbeschluss geweissagt
hat. Lichtvoll hat er sich darüber im dritten Capitel des
Epheserbriefes erklärt. Er nennt es ein μυστήριον τοῦ
Χριστοῦ, ὃ ἑτέραις γενεαῖς οὐκ ἐγνωρίσθη, νῦν δὲ ἀπεκαλύφθη
τοῖς ἁγίοις ἀποστόλοις αὐτοῦ, „εἶναι τὰ ἔθνη συγκληρονόμα

καὶ σύσσωμα καὶ συμμέτοχα τῆς ἐπαγγελίας αὐτοῦ ἐν τῷ Χριστῷ διὰ τοῦ εὐαγγελίου". Allein als nun eine Heiden-kirche erstanden, als sie einer Stadt auf dem Berge gleich allen Augen erkennbar geworden war: da hat das μυστήριον als solches thatsächlich das Ende seines Begriffes erlebt. Anders verhält es sich was die conversio Judaeorum betrifft. Nach alle dem, was geschehen war, hat Niemand es in Aussicht zu nehmen gewagt, dass das jüdische Volk die Pforte des Heils erreichen wird. Aber in dem πλοῦτος göttlicher γνῶσις καὶ σοφία hat ein Rathschluss geruht, der in keines Menschen Herz gekommen war. Die Seele des Paulus hat ein lichter Strahl dieser Gottesabsicht erreicht. Hier und dort bricht dieser Strahl erkennbar hervor: der Christenheit zu Rom gegenüber schlägt er aus Gründen den Schleier völlig zurück. Wissen soll sie um den verborgenen Beschluss. Παῤῥησίᾳ spricht er es gegen sie heraus, ὅτι πᾶς Ἰσραὴλ σωθήσεται.

2. Das Gottesgeheimniss.

„Οὐ θέλω ὑμᾶς ἀγνοεῖν, ἀδελφοί, τὸ μυστήριον τοῦτο."
Nicht παρ' ἑαυτοῖς sollen sie φρόνιμοι seyn, sondern eine Autorität soll die Direktive ihrer φρονήματα seyn. Aber nicht eigene Gesichte drängt der Apostel ihnen auf; sondern was er selbst zuvor von Oben her empfangen hat, das ist die Gabe seiner Hand. „Ἐγνωρίσθη μοι, ἀπεκαλύφθη μοι".[56]) Wie aber ist es geschehen, dass er in den Besitz dieses Kleinods gekommen ist? Eine allgemeine Antwort liegt allerdings bereit. „Ἐγὼ ἀπὸ τοῦ κυρίου παρέλαβον ὃ καὶ παρέδωκα ὑμῖν" (1. Cor. 11, 23). Und wiederum: „τὸ πνεῦμα πάντα ἐρευνᾷ καὶ τὰ βάθη τοῦ θεοῦ. ἡμῖν δὲ ἀπεκάλυψεν ὁ θεὸς διὰ τοῦ πνεύματος αὐτοῦ" (1. Cor. 2, 10). Inzwischen befriedigt diese Antwort in dem gegenwärtigen Falle nicht. Wir schauen nach einem Analogon aus. Es liegt ein solches, und nur diess

---

[56]) Auffallend, unbefriedigend und irreleitend ist die Bemerkung von Hofmann (Comm. S. 494), dass dem Apostel das, was er einleitet, auf dem Wege „heilsgeschichtlicher Offenbarung" erkennbar geworden sey. Befremdet hat uns namentlich die Behauptung, dass die Gemeinde das, was Paulus ihr eröffnet hat, auch ohne sein Zuthun hätte wissen können. In der That, in diesem Falle würde der Begriff des μυστήριον äqual Null geworden seyn.

Eine, im ersten Thessalonicherbriefe vor, vgl. Cap. 4, 13 ff. Auffallend genau laufen beide Abschnitte einander parallel. Hier wie dort hebt Paulus mit den Worten an „οὐ θέλομεν ὑμᾶς ἀγνοεῖν, ἀδελφοί". Hier wie dort ist es eine hohe Autorität, auf welche er sich beruft, hier ein μυστήριον, dort ein λόγος κυρίου. Die Gemeinde zu Thessalonich lässt er darum wissen, wie es sich um die Zukunft ihrer Todten verhält; die Römische Gemeinde soll erkennen, was dereinst an dem Judenthum geschehen wird. Aber sie wiederholt sich, die unerledigte Frage, auf welche Weise diese Geheimnisse zur Cognition des Apostels gekommen sind. Seitdem Paulus erlebt und erfahren hat, wovon er am Anfang des Galaterbriefes Bericht erstattet hat, „εὐδόκησεν ὁ θεὸς ἀποκαλύψαι τὸν υἱὸν αὐτοῦ ἐν ἐμοί": seitdem war ein ständiger Verkehr zwischen dem Auferstandenen und seinem ὑπηρέτης im Fluss. Erschlossen hat der Herr seinem Diener, wessen es bedurft hat zum Zweck der Vollendung seines Werks. Wohl ist es ein Schleier, welcher über das Geheimniss dieses Verkehrs gebreitet bleibt. Aber irgendwie hat Paulus selbst ihn gelüftet; jedenfalls hat er die Realität des bestehenden Verkehrs in das Licht der Zweifellosigkeit gestellt. In einem Ergusse hat er sich darüber erklärt, in welchem er der Corinthischen Gemeinde sein Herz erschlossen hat. „Ἐλεύσομαι εἰς ὀπτασίας καὶ ἀποκαλύψεις κυρίου" (2. Cor. 12, 1). Er spricht im weiteren Verlauf von einer ὑπερβολῇ τῶν ἀποκαλύψεων, die ihm zu Theil geworden sey. „Ὑπερβολή.‾ Meint er damit nur ihre Zahl? oder vielleicht auch ihren gewichtigen Gehalt? Hat sie ihm zur Freude, zur Erhebung der Seele gereicht? Oder hat er von ihr aus die Gefahr einer Versuchung besorgt? Der Gefahr hat der Herr zu steuern und zu wehren gewusst: der Gehalt der ἀποκαλύψεις blieb zum Segen der Gemeinden in den treuen Händen des Apostels zurück. Der Reihe dieser Offenbarungen hat nun auch die Eröffnung über die Zukunft des Judenthums zugehört. Und sie hat an erster Stelle dem Apostel die Empfindung erbracht, welche in der „ὑπερβολὴ ἀποκαλύψεων" zum Ausdruck gekommen ist. ·

In erster Reihe: so sagen wir mit Bedacht. Einen unaussprechlichen Werth hat diese Eröffnung für den Paulus gehabt. Zwar der Apostel der Heiden hat den besonderen Beruf, zu welchem er von Mutterleibe her ersehen war, den Beruf, „ἵνα εὐαγγελίζωμαι τὸν υἱὸν θεοῦ ἐν τοῖς ἔθνεσιν" (Gal. 1. 16), mit unzweifelhafter Gewissheit erkannt; und er hat denselben mit unveränderlicher Treue und mit wohlberechtigtem Hochgefühl gewahrt. „Ἐφ' ὅσον εἰμὶ ἐγὼ ἐθνῶν ἀπόστολος, τὴν διακονίαν μου δοξάζω." Jetzt, da er den Brief an die Römer schrieb, jetzt, da er sich wie auf einem Höhepunkt seiner Thätigkeit befunden hat, jetzt schaut er ebenso nach rückwärts wie nach vorn. Sein Rückblick ist in tiefen Dank getaucht. Mit einem πλήρωμα εὐλογίας hat der Herr der Kirche seinen Lauf in der Heidenwelt zu begleiten gepflegt. Seinem κόπος ἐν κυρίῳ hat der Segen von obenher nicht gefehlt. Befriedigt bleibt sein Auge auf dem gesicherten Bestande der Heidenkirche ruhen. Seine Briefe aus der Römischen Haft haben ihr Zeugniss darüber abgelegt. Hat es an Einem noch gefehlt: er hält an der Hoffnung fest, ποσὶν ὡραίοις εὐαγγελιστοῦ wird durch ihn selbst die Kunde des Heils εἰς τοὺς μακράν, εἰς τὰ πέρατα τῆς οἰκουμένης gelangen. Und dennoch scheint es, dass in diesem kritischen Moment ein Wechsel und Wandel in seinen Gefühlen, in seinen Ansichten und Aussichten vor sich gegangen sey. Als er einst im tiefsten Unwillen den Staub von seinen Füssen schüttelte, wir begreifen es, dass er in dieser Stunde im Grunde seiner Seele mit dem Judenthum gebrochen hat. Die ἔθνη haben seine Liebe, sie haben seine Kräfte geerbt. Aber nur in den Hintergrund sahe die alte Liebe sich gedrängt. Verleugnet hat der Apostel sie nie; und jetzt nimmt sie, wir sagen nicht urplötzlich. wohl aber augenscheinlich. ihre Rechte wieder wahr. Darin hat Fritzsche entschieden geirrt, wenn er dem Paulus den Wahn unterstellt „proximorum annorum spatio absolvi posse Judaeorum ad Christum reditionem". Wiederholt haben wir die Thatsache constatirt, dass der Apostel in diesem Betracht Zeit und Stunde ausser Rechnung zu stellen pflegt. Aber eine ἀποκάλυψις κυρίου hat er empfangen; und auf Grund dieses festen prophetischen Wortes entbietet er den Römern. aber auch der ganzen Welt, die Verkündigung: einst wird es gewiss und wahrhaftig geschehen, ὅτι πᾶς Ἰσραὴλ σωθήσεται.

Dahingenommen hat Paulus diese Offenbarung. Durch den Glauben hat er dieselbe zu seinem Eigenbesitze gemacht. Vielfach hat er in seinen Zuschriften an die Gemeinden den Glauben des Abraham gerühmt. An der Gestalt des Patriarchen hat er die Lehre erkennbar gemacht, die der Kern und Nerv seiner Keryktik gewesen ist. In dem gegenwärtigen Falle hat er sich so recht als einen Sohn des Abraham bewährt. Er folgte seinem Glauben nach, er trat in die ἴχνη seines Fusses ein. Οὐ διεκρίθη τῇ ἀπιστίᾳ, ἀλλ' ἐδυναμώθη τῇ πίστει. Abraham schauete nicht im Zweifel auf seinen erstorbenen Leib: Paulus hat gegen die ἀποκάλυψις κυρίου kein Misstrauen gehegt, indem er die νέκρωσις seines Volkes

erwog. [57]) Was Gott verheissen hat, so viel hat Beiden fest
gestanden, das wird er auch zu erfüllen im Stande seyn, denn
er ist der Allmächtige, das ist sein Name. Kein anderer
Paulinischer Brief hat die Allmacht Gottes, dass bei ihm
möglich sey was bei Menschen unmöglich ist, so prononcirt
hervorgekehrt, wie diess in der Zuschrift an die Römer und
namentlich in den uns vorliegenden Capiteln geschehen ist.
„Ὁ ἐπήγγελται δυνατός ἐστιν ὁ θεὸς καὶ ποιῆσαι". [58]) Dicht
war das κάλυμμα, das über Israels Augen gelegen hat. „Περιαιρεῖται αὐτό," so lesen wir wohl; aber der allmächtigen
Gotteshand hat es zu diesem Effekt bedurft. Unsagbar schwer
war das Gewicht der Schuld, welche Israel begangen hat.
Sie soll ja kommen, die Zeit „ὅταν ἀφέλωμαι τὰς ἁμαρτίας
αὐτῶν"; aber lediglich die Macht einer übermenschlichen
Gnade hat die Sühne einer solchen Missethat zu erbringen
vermocht. Israel war ein hartnäckig widerstrebendes Volk;
σκληροτράχηλος, bei diesem Namen hat der Märtyrer dasselbe benannt. Und doch wird dessen ἐπιστρέφεσθαι πρὸς τὸν
κύριον in unzweifelhaft sichere Aussicht gestellt. Aber nur
eine schlechthin unwiderstehliche Macht hat zur Beugung des
harten Nackens ausgereicht. Paulus weiss, was in Gottes
Rath beschlossen ist. Die ἀποκάλυψις κυρίου hat es ihm

---

[57]) Nur in einer anticipirenden Andeutung machen wir schon
jetzt auf die Aeusserung des Apostels Röm. 11, 15 aufmerksam.
Erst in einem späteren Zusammenhange wird die gewichtvolle Stelle
im Vollglanz ihres Lichts erkennbar seyn.

[58]) Vgl. Cap. 9, 22: „θέλων ὁ θεὸς γνωρίσαι τὸ δυνατὸν
αὐτοῦ." Cap. 11, 23: „δυνατός ἐστιν ὁ θεὸς πάλιν ἐγκεντρί-
σαι αὐτούς." Cap. 14, 4: „δυνατεῖ ὁ θεὸς στῆσαι αὐτούς."

offenbart. Im Glauben hat er dieselbe ergriffen. Seine Ueberzeugung stand fest. Er hat sie gehegt; er hat sie zugleich gepflegt und genährt, und das durch eine Reflexion. die auf diesem Glaubensgrunde erstanden war.

3. Die Reflexion des Empfängers.

Von einer Reflexion durchzogen ist der Abschnitt, der uns vorliegt, in der That. Eine ἀποκάλυψις hat der Apostel empfangen: er will den Inhalt derselben verstehen. Verfolgen will er in seinem Geiste, in welchem Prozess die Verheissung sich erfüllen wird. Wohl hat er die Frage gestellt „wer hat den Sinn des Herrn erkannt?" wohl hat er es gestanden, dass Gottes Wege unerforschlich sind; wohl bricht er in die Worte aus „ὦ βάθος πλούτου", in diese Tiefe dringt er nicht ein, diese Fülle erfasst er nicht, Stückwerk, oberflächlich und unzusammenhängend ist sein Wissen: er kann es gleichwohl nicht lassen, dem Mysterium denkend nachzugehen, gleichwie nach dem Zeugniss des Petrus den alttestamentlichen Propheten das ἐκζητεῖν und das ἐξερευνᾶν περὶ τῆς εἰς ἡμᾶς χάριτος nicht verleidet war. Die Lage des Paulus war der des Moses analog. „Mein Angesicht kannst du nicht sehen, denn kein Mensch wird leben, der mich siehet. Aber wenn meine Herrlichkeit vorübergeht, dann wirst du τὰ ὀπίσω μου erschauen". Vgl. Exod. 33, 23. In ähnlichem Sinne hat der Apostel in seiner Reflexion der ἀποκάλυψις κυρίου nachgesehen. Seine Gedanken hat er in den Ausdruck παραζηλοῦν zu fassen versucht. Zweimal kommt derselbe in dem vorliegenden Zusammenhange vor (Cap. 11, 11 und V. 14). Dessen Sinn

5*

ist nicht zweifelhaft. Das und nichts andres ist darnach die Ansicht, welche sich dem sinnenden Forscher ergeben hat: wird es geschehen, dass das Auge Israels auf dem sichtlichen Erblühen und Gedeihen der Heidenkirche ruhen muss, dann wird in den darbenden Herzen das Verlangen erwachen, dass auch dem Volke der Verheissung der gleiche Segen unverschlossen sey.[59]) Paulus hat sich im besten Rechte befunden, wenn er eine dahin lautende Anschauung vollzog. Vielleicht, dass ihm diess Recht von Seiten der höchsten Autorität verliehen worden ist. Gegen die Pharisäer hat sich der Herr einmal (Mtth. 21, 31) mit den Worten gekehrt: ἀμὴν λέγω ὑμῖν, ὅτι οἱ τελῶναι προάγουσιν[60]) ὑμᾶς εἰς τὴν βασιλείαν τοῦ θεοῦ. Nacheifern

---

[59]) Am Schlusse unseres ganzen Abschnitts Cap. 11, 32 erhebt sich der Apostel zu der mächtigen, die gesammte Reichsgeschichte umfassenden Sentenz „Gott hat Alle unter den Unglauben beschlossen, damit er sich Aller erbarme". Den Prozess des göttlichen Waltens vermag er nicht anders zu deuten, als diess in den beiden voraufgehenden Versen geschehen ist. Den Heiden ist der Unglaube Israels zu Gute gekommen, denn daraufhin wurde ihnen das göttliche Erbarmen zu Theil. Den Juden wiederum wird das Heil der Heiden zu Gute kommen, damit auch ihnen die Barmherzigkeit Gottes widerfahre. Man hat das artikulirte οἱ πάντες von dem einfachen πάντες zu unterscheiden versucht. Allein οἱ πάντες und πάντες sind dieselben Constituenten des κόσμος, ausser welchen Paulus keine andren kennt. Es will anerkannt seyn, dass der Apostel in seinen Reflexionen lediglich den religiösen Gesichtspunkt genommen hat. Wer sich zu dieser Voraussetzung nicht entschliessen kann, dem giebt der Römerbrief gar manches schwer lösbare Räthsel auf.

[60]) Wir können diess προάγειν nicht in dem Sinne verstehen,

sollten sie den Zöllnern, deren Glaube sich Jesu zugewendet
hat. Nacheifern sollten ebenso auch die Juden der gläubig
gewordenen Heidenwelt. Aber hören wir, wie sich der Apostel
über seine Reflexion des Näheren erklärt. Mit der Constati-
rung des Umstandes hebt er an, dass die evangelische Predigt
in alle Lande ausgegangen sey. Unmittelbar hat sich die
Frage „μή 'Ισραήλ ούκ έγνω" an die constatirte Thatsache
angereiht. Hofmann hat jedweden Unterschied zwischen diesem έγνω und dem vorausgehenden ἀκοῦσαι abgelehnt. Mit
beiden Verbis sey Eins und dasselbe gewollt. Dieser prinzi-
pielle Irrthum hat einen bedauerlichen Missverstand der ganzen Tendenz des Apostels zur Folge gehabt. Ein ἀκοῦσαι,
diess blosse Vernehmen, wie kann dasselbe mit dem γνῶναι,
dem Erkennen. Beachten und Begreifen identisch seyn? [61])
Mit welchem Rechte bürdet man einem Paulus die Phrase
auf, dass auch Israel die Botschaft des Heils empfangen hat?
Musste er betonen, was selbstverständlich, was unausbleiblich
gewesen ist? Hat er darin im Ernst eine περισσεία des auserwählten Volks zu erkennen vermocht? [62]) Nein; nicht den

---

in welchem Keil dasselbe als ein überflügelndes Vorauskommen fasst.
Diese Interpretation scheitert an dem μεταμελεῖσθαι ὕστερον,
welches Bengel mit der zutreffenden Note „conspecto illorum exem-
plo" versehen hat. Sie bricht überhaupt der Intention Jesu ihre
Spitze ab.

[61]) Hofmann hat den Inhalt der apostolischen Predigt mit der
Thatsache verwechselt, dass dieselbe in alle Lande, dass sie in
die Heidenwelt gedrungen sey. Lediglich auf diese Thatsache
will das ούκ έγνω des Apostels bezogen seyn.

[62]) Hofmann hat sich einer Zwangslage, die er augenscheinlich
selbst empfunden hat, durch einen gewaltthätigen Akt zu entwinden

Umstand, dass auch Israel, oder immerhin Israel in erster Reihe, die Botschaft von dem Heil in Christo empfangen hat, hat das μὴ οὐκ ἔγνω des Apostels constatirt; sondern der befremdenden Thatsache hat seine Frage gegolten, dass die Verkündigung des Heils „gepredigt den Völkern, geglaubt von der Welt" auf die Israeliten den von Gott ersehenen Eindruck nicht hervorgebracht, dass sie an ihnen die Frucht „εἰς τὸ παραζηλῶσαι αὐτούς" nicht gezeitigt und getragen hat. Sie wird zugetroffen seyn, die schöne Rechnung, in mehr oder minder vielen Einzelfällen; aber im Grossen und Ganzen ging sie leider nicht auf. „Den ganzen Tag habe ich meine Hände zu diesem Volk vergebens ausgestreckt." „Ἰσραὴλ οὐκ ἔγνω." An Mitteln zu dieser γνῶσις hat es nicht gefehlt. Zuerst schon Moses und hernach Jesaja. Gesetz und Propheten, sie haben sich dahin in vollkommener gegenseitiger Harmonie erklärt. [63]) Aber „οὐκ ἔστιν ὁ συνιῶν, οὐκ ἔστιν ὁ ἐκζητῶν τὸν θεόν": wie schmerzlich hat diese alte Klage sich jetzt aufs

versucht. Er greift auf die Vermuthung eines früheren Auslegers zurück. Wetstein hatte das πρῶτος Röm. 10, 19 nicht auf Μωϋσῆς. sondern auf Israel zu beziehen beliebt. „Hat Israel die Botschaft des Heils nicht zuerst gehört?" Mit Recht hat Fritzsche diese Interpretation als eine schon grammatisch schlechthin unmögliche abgelehnt.

[63]) So und nicht anders können wir das Verhältniss zwischen dem πρῶτος Μωϋσῆς und dem Ἡσαΐας δὲ ἀποτολμᾷ verstehen. Was das ἀποτολμᾷ betrifft, so wird es schon annehmbar seyn, dass Jesaja dasjenige, quod Moses verborum obscuritate texerit, seinerseits libere, παρρησιαζόμενος, zum Ausdruck bringt. Aber Fritzsche hat wohl nicht geirrt, wenn er zugleich eine audacia des Propheten zur Geltung bringt, eine audacia, die der natio superba et iracunda mit Freimuth eine res ingrata zu überweisen unternimmt.

Neue bewährt! „Ούκ έγνω Ἰσραήλ." Giebt der Apostel daraufhin die Hoffnung auf dessen Bekehrung zu Christo auf?
O wie weit ist er davon entfernt, nachdem er die ἀποκάλυψις
von Seiten des Herrn empfangen hat! Oder hat er mindestens
der Reflexion entsagt, die er in dem Begriffe des παραζηλῶσαι
zusammenfasst? Auch das hat er nicht gethan; nur dass er
sich einer unmittelbaren Verwirklichung derselben nicht ver-
sieht. „Κύριε, πότε ταῦτα ἔσται: so haben einst die Jünger
ihren Meister befragt. Zu einer Antwort auf das πότε ist
auch Paulus in dem gegenwärtigen Falle bereit. „Ἄχρις οὗ
τὸ πλήρωμα τῶν ἐθνῶν εἰσέλθη": das ist der Moment in der
Geschichte, auf welchem er die wissbegierige Frage beruhen
heisst. Wird einst die Fülle der Heiden in das Reich Christi
eingegangen seyn, dann, καὶ οὕτως,[64] wird es geschehen, ὅτι
πᾶς Ἰσραήλ der Verheissung zufolge in den Besitz der σωτηρία gelangt.

An Bestimmtheit hat es dieser Antwort nicht gefehlt.
Gleichwohl ist dieselbe in ein Dunkel gehüllt.[65] Was unter

---

[64] Καὶ οὕτως. „Quo facto": so haben die meisten Ausleger
diese Formel erklärt. Und doch ist mit derselben nicht eine einfache, sondern eine durch das παραζηλῶσαι vermittelte Folge
gewollt. Zutreffender hat sie die Note von Bengel erfasst. „Non
dicit Apostolus et tunc, sed majore vi et sic. Nempe ipso in-
troitu gentium terminabitur caecitas Israelis."

[65] Man hat sie vermittelst einer Parallele aus dem dritten
Evangelium zu illustriren versucht. Frappant ist diese Parallele in
der That. Denn was der Herr seinen Jüngern in der eschatologi-
schen Rede Luc. 21, 24 erschlossen hat, das deckt sich mit unserer
Paulinischen Stelle bis aufs Wort. Es ist uns nicht zweifelhaft,
dass der Apostel auf diess dem Lukas eigenthümlich zugehörige

dem Ausdruck „τὸ πλήρωμα τῶν ἐθνῶν" zu verstehen sey, das ist es was in erster Reihe in Frage tritt. [66]) Es sind zahlreiche Fälle, in welchen der Begriff des πλήρωμα im Neuen Testament zur Verwendung kommt. Von einem πλήρωμα χρόνου, von einem πλήρωμα Χριστοῦ, von einem πλήρωμα θεότητος ist die Rede. Man hat die Fälle gesammelt, verglichen und geprüft. Einen erheblichen Gewinn hat die Mühe nicht erbracht. Lassen wir diese Parallelen ruhen. Der Apostel hat den Ausdruck in unserem elften Capitel in einem

---

Herrnwort Bezug genommen hat. Ist es doch Thatsache, dass er regelmässig, so oft er auf Evangelienberichte rückwärts geht, dem dritten Evangelisten zu folgen pflegt. Allein als einen Schlüssel zum Verständniss der Paulusworte verwenden wir die schon an sich räthselvolle Eröffnung Jesu nicht. Jeder Versuch, die apostolische Stelle zu verstehen, muss seine Mittel aus den eigenen Händen des Paulus entnehmen.

[66]) Fritzsche hat den Gehalt dieser „vox πολυσήμαντος" in einem ausführlichen Exkurs zu ermitteln versucht. Im zweiten Theile seines Commentars S. 469—473 liegt uns derselbe vor. Mit Bewunderung erkennt man die umfassende Gelehrsamkeit und Belesenheit des Verfassers an. Vor allem wird man ihm darin beistimmen, dass er das Axiom von Storr, als wäre das πλήρωμα im N. T. durchweg im aktiven Sinne verwendet worden, mit dem Nachweis des strikten Gegentheils entgründet hat. Was inzwischen das Ergebniss seiner Lukubrationen in positiver Hinsicht anbetrifft, so fühlt die Erwartung des wissbegierigen Lesers sich enttäuscht. Denn was ist damit gefrommt, wenn uns gesagt wird, dass das πλήρωμα ἐθνῶν von einer multitudo, caterva gentilium zu verstehen sey. Man dürfte überhaupt von den Erklärungsversuchen, die in den Commentaren dargeboten werden, mit der Empfindung scheiden, dass es erneuerter Anstrengungen zum Zweck der Erschliessung des Ausdrucks bedürfen wird.

singulären Sinne gefasst und in diesem singulären Sinne will
derselbe verstanden seyn. Zweimal, im zwölften und im
fünfundzwanzigsten Verse, bietet ihn der Abschnitt dar. Man
hat beide Stellen mit Schärfe differenzirt; man hat vor dem
Missgriff gewarnt, welcher die eine zum Schlüssel der andren
erwählt.[67]) Aber wie verschieden auch die Intention des
Apostels hier und dort gewesen ist: die Wortbedeutung des
Ausdrucks muss in beiden Fällen eine und dieselbe seyn.
Im zwölften Verse hat das πλήρωμα die ἥττα zu seinem
Gegensatz. Die ἥττα bezeichnet einen Niedergang, eine clades,
ein detrimentum.[68]) Israel ist um diejenige Stellung in der
Reichsgeschichte gekommen, in welcher das auserwählte Volk
sich früherhin befunden hat. Jetzt ist es in den tiefsten ent-
legensten Hintergrund zurückgedrängt. Die Heidenwelt hat
die verlassene, die aufgegebene, die verscherzte Stelle occu-
pirt. Und durch diese ἥττα Israels ist es geschehen, dass
das Heidenthum zu der hohen Stufe aufgestiegen ist. Nur
vollkommen, das räumt der Apostel im fünfundzwanzigsten

---

[67]) Dahin hat namentlich Hofmann (Comm. S. 496) sich erklärt,
es sey unthunlich, das πλήρωμα ἐθνῶν V. 25 im Sinne des gleich-
lautenden Ausdrucks im zwölften Verse zu verstehen. In einem
späteren Zusammenhange hat sich der Verfasser allerdings zu einer
Restriktion oder zu einer Limitirung dieses Veto veranlasst gesehen.

[68]) Mit dem Unwillen eines philologisch geschulten Auslegers
hat Fritzsche sich gegen Diejenigen erklärt, welche kurz entschlossen
das ἥττημα von einer paucitas verstehen. Freilich hätte man nun
erwarten sollen, dass der scharfsichtige Exeget von hier aus den
Schluss vollzogen hätte, dass mithin auch das πλήρωμα keine multitudo, keine abundantia bezeichne, dass es mit einem blossen πλῆθος
nicht identisch sey.

Verse ein, hat es dieselbe zur Zeit noch nicht im Besitz. Das ἄχρις οὖ heisst einer der Zukunft zugehörigen Thatsache gewärtig seyn. Das streng gefasste πλήρωμα steht noch aus. Und was muss zuvor noch geschehen, ehe denn der Begriff zu seinem vollen Recht gelangen kann? Bedauert haben wir die Antwort, welche Hofmann (Comm. S. 497) auf diese Frage gegeben hat. „So lange sich noch irgend ein Theil des Völkerthums ausserhalb der christlichen Kirche befindet, so lange wird ein Rückschlag auf Israel, so lange wird das Ende der Verblendung desselben noch nicht zu erwarten seyn." Eine so phantasievolle, eine so phantastische Anschauung harmonirt mit der Nüchternheit eines Paulus wahrlich nicht. Es wird, es muss um das πλήρωμα doch wohl wesentlich anders stehen. Ein Zwiefaches, so glauben wir, ist in dem räthselhaften Ausdruck verfasst. Das ist das Eine. Als der Apostel sich brieflich an die Römische Gemeinde wendete: war da von einem πλήρωμα ἐθνῶν noch ganz und gar nichts zu sehen? Wie schreibt er doch (Röm. 15, 19), indem er auf seine bisher vollbrachte Laufbahn unter den Heidenvölkern rückwärts blickt? „Ἀπὸ Ἱερουσαλὴμ μέχρι τοῦ Ἰλλυρικοῦ πεπλήρωκα τὸ εὐαγγέλιον τοῦ Χριστοῦ." Hat er sich denn zur Schilderung seiner auf die ὑπακοὴ ἐθνῶν berechneten Mission des πεπληρωκέναι, dieses ihm sonst in solchem Zusammenhange ganz ungeläufigen Ausdrucks bedient: wir fragen, was andres, wenn nicht das πλήρωμα ἐθνῶν, kann das Resultat seines Wirkens gewesen seyn? [69])

---

[69]) Wir sind nicht ganz ohne Hoffnung, dass unsere Auslegung dieser Stelle Anerkennung finden dürfte. Sicher wird man unseren Unmuth über die unstatthafte Vergleichung theilen, kraft deren Hof-

Als vollendet hat er dasselbe freilich, als er sich an der Grenze von Illyrikum befand, noch immer nicht zu betrachten vermocht. Er hob sein Auge weiter, er hob es dahin auf, ὅπου οὐκ ὠνομάσθη Χριστός. Bis an das τέρμα τῆς δύσεως soll das Evangelium gelangen. Durch ihn, so wünscht er, soll es geschehen. Die Römische Gemeinde soll ihm für seine Pläne förderlich und dienstbar seyn. Und sollte seiner eigenen Person die weitere Evangelistenbahn verschlossen seyn, so war eben diese Gemeinde, glaubensstark wie sie erscheint, „ἧς ἡ πίστις ἐν ὅλῳ τῷ κόσμῳ καταγγέλλεται", zu einem „ἀνταναπληροῦν τὰ ὑστερήματα" des Heidenapostels erwählt. Keine feindliche Macht hält das πλήρωμα ἐθνῶν in seinem Laufe zur Vollendung auf. Das ist die Eine Seite des Begriffs. Eine zweite tritt hinzu. Heidenthum: schauen wir dasselbe an. Ἄθεοι waren die Heiden wohl alle; aber sie erscheinen in differenter Gestalt. „Ἐν πᾶσιν τοῖς ἔθνεσιν", so hat Paulus Röm. 1, 5 erklärt, habe er seine apostolische Mission zu versehen gehabt. Aber im vierzehnten Verse des Capitels hat er die πάντα τὰ ἔθνη, diess ihm überwiesene Arbeitsfeld, und die verschiedenen Aufgaben, die er daselbst zu lösen habe, überschaut. „Ὀφειλέτης εἰμί" so schreibt er „Ἕλλησίν τε καὶ βαρβάροις, σοφοῖς τε καὶ ἀνοήτοις". Die Einen wie die Andren, sie sollen vor dem Christus verschwinden, welcher die Bestimmung hat, ὅτι τὰ πάντα ἐν πᾶσιν γενήσεται. Das ist die Voraussetzung, unter welcher

---

mann die Formel „τὸν νόμον πληροῦν" als ein zutreffendes Erklärungsmittel herbeigezogen hat. Man wird wohl auch schwerlich mit Fritzsche gehen, welcher eine sehr gewagte Interpretation in Berufung auf die Stelle Coloss. 1, 25 in Vorschlag bringt.

das ἄχρις οὗ τὸ πλήρωμα ἐθνῶν εἰσέλθῃ zu seinem Stand
und Wesen kommen wird. Sie wird schlagen, diese Stunde.
Und ein mächtiger Eindruck auf Israel wird deren berechen-
bare Folge seyn. Aus seinem ἥττημα wird sich das Volk
ermannen; ein παραζηλοῦν bricht hervor; und das πᾶς Ἰσραήλ
σωθήσεται wird der Endausgang seyn. Das sind die Reflexionen, in welchen sich Paulus auf Grund der ἀποκάλυψις
κυρίου ergeht. Aber er bleibt auf denselben nicht beruhen.
Sondern er schreitet von daher zu einer neuen Gedankenreihe
fort. Wenn Israel nach seiner ἀποβολή die πρόσληψις erfahren hat: was wird alsdann geschehen? wie wird es in
Folge dessen um die Kirche Jesu stehen? Der Apostel thut
den Prophetenmantel um. Er entfaltet das Ideal, welches
vor seinen hellen blitzenden Augen steht. Fritzsche hat auch
diese Parthie des Paulinischen Gesichts seiner scharfen, seiner
abfälligen Kritik unterstellt. War er im Recht, oder hat er
geirrt: warten wir die Entscheidung ab. Ein Ausleger ist es
inzwischen, welchem grade an dieser Stelle unsere tiefste Bewunderung sicher ist. Dass Bengel in dem vorliegenden Falle
durchweg das Richtige getroffen hat: zu dieser Behauptung
bekennen wir uns nicht. Aber einen urfrischen Hauch des
Paulinischen Geistes hat der verewigte Exeget allerdings an
diesem Orte verspürt. Dahin lautet seine tief eindringende
Note zu Cap. 11, 15: „Sermo est de vivificatione Totius, ut
non sit residua massa mortua. Totius generis humani sive
mundi conversio comitabitur conversionem Israelis." Im Geleit dieser Note treten wir an unsere dritte Aufgabe heran.

DRITTER ABSCHNITT.

Das Ideal des Propheten.

————

1. Der Segen aus Zion.

Von dem νῦν Ἱερουσαλήμ hat der Apostel nichts andres als Hass und Verfolgung der Kirche zu erwarten gehabt. Vollends eine Frucht sucht Niemand an einem dürren Baum. Aber mit diesem νῦν Ἱερουσαλήμ haben wir es fortan ganz und gar nicht mehr zu thun, sondern ausschliesslich mit demjenigen Judenthum, das zu Christo bekehrt zu seiner σωτηρία eingegangen ist. Als Israel verstockt und verblendet war, da hat seine ἀποβολή zum πλοῦτος der Völker gefrommt: um wie viel mehr, in diesen Ruf bricht Paulus aus, wird dessen πρόσληψις ein Segen für die Heidenkirche seyn. „Πόσῳ μᾶλλον": die Exklamation streift an eine Frage an, sie appellirt an die Empfindung, an das Urtheil der Leser. Eine nähere Deklaration steht vor der Hand noch aus. Zu seiner Zeit wird sie sich finden. Vorher will ein anderes Geschäft vollzogen seyn. Durch eine Autorität hat der Apostel die Gewissheit zu erweisen gewünscht, welch' hoher Gewinn der Kirche Christi aus der Bekehrung des Judenthums erwachsen wird. In der Zusage des Jesaja Cap. 59, 20 erkennt er die erwünschteste Gewähr. „Καθὼς γέγραπται" so schreibt er

„ἥξει ἐκ Σιὼν ὁ ῥυόμενος καὶ ἀποστρέψει ἀσεβείας ἀπὸ
'Ιακώβ.“ „Ἐκ Σιών“: sämmtliche Handschriften haben diese
Lesart bezeugt und alle Ausgaben bieten sie dar. Sie fällt
auf. Der Urtext hat einen andren Laut. Dem Lamed des
Propheten substituirt der Apostel sein ἐκ. Der Inhalt der
Aussage wird in Folge dessen different. Für Zion und aus
Zion: das reimt sich gegenseitig nicht.[70]) So leicht kommen
wir über die erstehende Frage nicht hinweg, wie Olshausens
Vermuthung es unternommen hat. Nicht eine Reminiscenz an
Psalmenstellen hat den Apostel getäuscht; sondern in einer
wohlberechneten durch sein Interesse bedingten Absicht hat
derselbe die Präposition vertauscht. Wie hat er das gekonnt,
wie hat er es gedurft? Er citirt[71]) doch das Prophetenwort;
gleichwohl ändert er dasselbe in einer Weise, welche der

---

[70]) Unzweifelhaft richtig ist die Uebersetzung der Jesajastelle
von Dillmann (Comment. S. 503): „für Zion, d. h. für die Gemeinde kommt er als Erlöser und für die von Abtrünnigkeit sich
Bekehrenden in Jakob“. Auch die LXX hat das Lamed mit ἕνεκα
übersetzt. Ohne alle Verlegenheit kam inzwischen Dillmann mit dem
prophetischen Texte nicht zurecht. Unmöglich kann doch das Zion
an der Spitze mit dem Jakob am Schlusse Eins und dasselbe seyn.
Soll der ῥυόμενος für Zion erscheinen: was bleibt ihm alsdann an
Jakob zu thun? Dillmann zieht sich auf die Auskunft zurück, dass
unter Jakob die einzelnen Glieder des Volks, so weit sie sich
bekehren, zu verstehen sind. Wir erkennen das Recht dieser Aus-
flucht nicht an. Der Name „Jakob“ hat einen umfassenden Sinn;
Einzelne, τινές, können dessen Gehalt nicht seyn. Für uns fällt
diese Schwierigkeit von vornab hinweg; denn wir haben es ausschliesslich mit dem Paulinischen Texte zu thun.

[71]) Den Ausdruck „Citat“ erkennen wir in dem vorliegenden
Falle nicht an. Eigentlich citirt hat Paulus hier nicht. Das Ad-

implorirten Autorität ihre Spitze nimmt? Rechten wir mit einem Paulus nicht. Er steht seinen Mann; er wird sich wehren. Auf dem Grunde der Jesajastelle ruht seine Aussage allerdings. Aber er selbst ist ein Prophet, ein Prophet des Neuen Testaments. Sein Auge ist heller, sein Auge reicht weiter, als eines alttestamentlichen Propheten Blick. Aber bleiben wir nun sinnend auf dem Paulinischen ἐκ Σιών beruhen, wie kommt die auffällige Präposition zu ihrem Recht? Hofmann ist dieser Frage nahe getreten, und nicht ohne Zuversicht tritt derselbe für seine Resultate ein.[72]) Unsererseits lehnen wir sie mit Entschiedenheit ab. Darum geben wir indessen die Hoffnung nicht auf, dass eine befriedigendere Antwort erfindlich sey. Ἐκ Σιών ἥξει ὁ ῥυόμενος. Von Zion her wird der Erlöser kommen. Von Zion. Kommen wird er, das bekehrte, das gläubig gewordene Israel, dessen Sünde bedeckt, dessen Missethat vergeben ist, kommen wird er, diess Israel in seinem Gefolge, und überweisen wird er das neu gewonnene Volk der Kirche aus der Völkerwelt, damit es als

---

verbium καθώς leitet nicht ein Citat, sondern statt dessen ein Darstellungsmittel ein.

[72]) So schreibt dieser Theologe (Comm. S. 500): „Zion ist die Offenbarungsstätte Dessen, welcher den gegenwärtigen Weltlauf mit einer That der Erlösung abgeschlossen hat. Die Stätte auf Erden, welche Gott einmal zur Stätte seiner Heilsoffenbarung erkoren hat, wird schliesslich auch der Ort der Offenbarung Christi seyn, und da wird das Volk, das er sich einmal erkoren hat, sein Volk insonderheit zu seyn, ihn schliesslich im Geist und in der Wahrheit verehren." Ist sie nicht zu äusserlich, diese Anschauung? ist sie nicht zu massiv? Und hat sie in dieser Gestalt irgendwo in der Schrift einen Halt?

deren πλήρωμα ein Mitkonstituent des Reiches Gottes auf Erden sey.[73] "Ήξει. Er wird kommen. Aber nicht in sichtbarer, leibhafter, persönlicher Gestalt; sondern in dem Geiste, durch welchen er, seitdem er auferstanden von den Todten zur Rechten seines Vaters gesessen ist, seine Gemeinde erhält und regiert, sie segnet und vermehrt.

Hier ist nun der Ort, an welchem die Betrachtung auf das schon berührte πόσῳ μᾶλλον Cap. 11, 12 zurückzukommen hat. Die Ausleger sind im Zwiste darüber, ob die Formel im logischen oder nicht vielmehr im quantitativen Sinne zu verstehen sey. Der Streit ist wesentlich ohne greifbaren Gegenstand.[74] Trennen wir nicht was nexu indivulso an einander hangt. War es die ἀποβολή Israels, die den πλοῦτος ἐθνῶν, die die καταλλαγή τοῦ κόσμου vermittelt hat. so wird dessen πρόσληψις ebenso in gesteigerter Gewissheit wie in erweitertem Umfang eine Segensquelle für die Heidenkirche seyn. So hat

---

[73] Angelegentlich und mit besonderer Zuversicht weisen wir auf eine Parallele, die dem zehnten Capitel des Johanneischen Evangeliums angehört. So spricht daselbst der Herr (10, 16): „Ich habe noch andre Schafe. Aus dieser αὐλή sind sie nicht. Auch sie muss ich ἀγαγεῖν, auf dass Ein Hirt und Eine Heerde sey". Von dem Einen Hirten und der Einen Heerde kann erst in einem späteren Zusammenhange die Rede seyn. Hier beruhen wir auf dem ἀγαγεῖν. Unmittelbar hat der Herr die Herbeiführung der Heidenwelt gemeint. Aber ist sie vollendet, so ist ein neues ἀγαγεῖν in Sicht. Herbeiführen wird dereinst das Haupt der Kirche auch das in Gnaden augenommene Judenthum. Und es ist diess ἀγαγεῖν, welches ὁ ῥυόμενος ἐκ Σιὼν ἥκων vollziehen wird.

[74] Ueber die verschiedene Verwendung, welche sie in den Paulinischen Briefen gefunden hat, vgl. die noch immer unvergessene Monographie über Röm. 5, 12 ff. von Richard Rothe, S. 63 ff.

der Apostel geschlossen. Gewiss sind es ernste Bedenken, zu
welchen sich der Leser dieser Schlussfolgerung gegenüber veranlasst sieht. Allein Paulus selbst hat auf die erstehenden
Fragen die befriedigende Antwort ertheilt. „Τίς ἡ πρόσληψις"
so ruft er aus (Cap. 11, 15) „εἰ μὴ ζωὴ ἐκ νεκρῶν"! Die
dunklen Worte werden ebenso klar in sich selbst wie sie
Licht zu verbreiten im Stande sind, falls man einerseits den
Begriff der πρόσληψις richtig erfasst und andererseits diejenige
Parallele zu Rathe zieht, in welcher die Illustration des Aus-
rufs beschlossen liegt. „Πρόσληψις": der Ausdruck ist ein
ἅπαξ λεγόμενον im ganzen Umfange des Neuen Testaments.
Er will daher durchaus aus der Situation verstanden seyn,
welche hier zu Tage getreten ist. Die Wiederannahme des
Volkes, das Gott verworfen hat, dessen Aufnahme in die
Kirche Jesu Christi: das und nichts andres ist damit gewollt.
Und was ist, τίς ἐστιν, diese πρόσληψις? Nichts geringeres,
so erklärt der Apostel, als eine ζωὴ ἐκ νεκρῶν! „Ζωὴ ἐκ
νεκρῶν." Vernehmen wir den Aufschluss, welchen die Stelle
Röm. 5, 17—19 uns darüber ertheilt.[75]) Israel hat sich im
Todeszustand befunden. Bis in die Wurzel herab war das
Volk erstorben und verdorrt. „Ὁ θάνατος ἐβασίλευσεν αὐτοῦ."
Aber die ζωή ist stärker als der Tod, die ζωὴ ὑπερπερισσεύει
τοῦ θανάτου.[76]) Sie wird in der Fülle ihrer Macht erscheinen,

---

[75]) Schon um des πόσῳ μᾶλλον willen, das in der uns vorliegenden Stelle zu lesen ist, weisen wir auf die citirte Aussage im
fünften Capitel hin. Denn genau in dem gleichen Sinne hat sich
dort Paulus im fünfzehnten und siebenzehnten Verse dieser Formel bedient.

[76]) Die Erklärung der ζωὴ ἐκ νεκρῶν, welche Hofmann (Comm.

wenn sich die πρόσληψις Israels vollzieht. Eben dadurch aber wird es auch geschehen. dass sich ein überschwänglicher Segen über die Häupter der Gemeinden aus dem Heidenthum ergiesst. Wenn einst ein gläubiges Israel in den Räumen der Kirche Jesu seinen Frieden, seine Ruhe gesucht und gefunden hat, wenn es einst zum Entsetzen der Zeugen mit fröhlichem Aufthun des Mundes bekennen wird, dass Christus der Herr sey zur Ehre des Vaters: dann wird das „πόσῳ μᾶλλον" gerechtfertigt seyn. welches Paulus in Aussicht genommen hat. Allein wir haben seine Aussicht doch nur in abstrakten Zügen definirt. Die Frage nach dem concreten Gehalt des Segens aus Zion harrt noch ihrer Erledigung. Tholuck hält sich zu der Annahme befugt, dass der Apostel wohl von der πρόσληψις des Judenthums „eine reichliche Befruchtung der Heidenkirche" erwartete; allein diese Annahme sucht in dem Text umsonst nach irgend einem Halt. Eine andere Vermuthung wird im besseren Rechte seyn. Wir haben zu seiner Zeit die εὐδοκία des Paulus, seine δέησις πρὸς τὸν θεὸν ὑπὲρ τοῦ Ἰσραήλ zu verstehen, und seine ὀδύνη über dessen ἀπο-βολή zu ermessen versucht. Er konnte es nicht verschmerzen, dass das Volk, ὧν ἡ ἐπαγγελία, ὧν οἱ πατέρες, ja ἐξ ὧν ὁ Χριστός gekommen war. dass diess von der Gnade auserwählte Volk des Heiles in Jesu verlustig gegangen ist. Aber es

---

S. 483) vorgeschlagen hat, halten wir für verfehlt. Der Verf. beruft sich auf die Aussage des Paulus Cap. 8, 11. Allein in dieser Parallele handelt es sich um die individuelle Vollendung der einzelnen Gläubigen; auf das Volk Israel nimmt sie nicht den leisesten Bezug. Der Gedanke „einer leiblichen Verklärung aus dem Bann des Todes" ist dem gegenwärtigen Zusammenhange vollkommen fremd.

scheint, dass er mit seiner Schmerzempfindung allein gestanden hat. Es fehlt in seinen Briefen an aller und jeder Indikation, als hätten die heidenchristlichen Gemeinden sein tiefes Weh mit ihm getheilt. Der Eingang unseres neunten Capitels, das ἀλήθειαν λέγω ἐν Χριστῷ κ. τ. λ., hat es verrathen, dass namentlich die Römische Christenheit Israels ἀποβολή nicht beklagt, dass sie dessen πρόςληψις weder ersehnt noch dass sie einen Segen von daher erwartet hat. Der Apostel hat alle Anstrengungen gemacht, nicht allein das gute Recht seiner eigenen Gefühle zu erhärten. sondern auch eine gleichgeartete Stimmung in den Herzen der Leser zu erbringen. Dass es um die πρόςληψις Israels eine hocherfreuliche Sache sey: um diesen Nachweis ist es ihm angelegentlich zu thun. Denn was würde geschehen, sobald sie erfolgt, sobald sie in Kraft getreten ist? Den Römern gegenüber hat Paulus sich auf Andeutungen beschränkt. Aber einen grossen Gedanken hat sein Geist concipirt, erfasst und bewahrt. Er nimmt ihn herüber nach Rom. Dort in der Gefangenschaft zieht er denselben gross. In den Briefen von daher, namentlich in dem Epheserbriefe⁷⁷), deutet er ihn aus. Er spricht Ephes. 1, 23 von

---

⁷⁷) Der Brief des Paulus an die Epheser hat in den letztvergangenen Dezennien zahlreiche Auslegungen erfahren, welche was Gründlichkeit und Gewissenhaftigkeit betrifft über alles Lob erhaben sind. Diese Anerkennung hindert uns nicht daran, ein Bedauern, einen Wunsch zum Ausdruck zu bringen, der seit Jahren lebhaft in uns gewesen ist. Es scheint, man habe der Situation, in welcher der Apostel sich bei der Abfassung des Sendschreibens befunden hat, die genügende Rechnung zu tragen versäumt. Als Paulus diesen Brief dem Tychikus zur Beförderung übergab, als er seinen Boten mit mündlichen Mittheilungen an die Gemeinde versah, da hatte er

einem πλήρωμα. Aber nicht von einem πλήρωμα ἐθνῶν, auch nicht von einem πλήρωμα Ἰουδαίων, sondern von einem πλήρωμα τοῦ τὰ πάντα ἐν πᾶσιν πληρουμένου. Und zu Anfang des Briefes Cap. 1, 10 hat er sich dahin erklärt, dass der Rathschluss, welchen Gott in dem πλήρωμα καιρῶν gefasst hat, auf das ἀνακεφαλαιώσασθαι τὰ πάντα, τὰ ἐν τοῖς οὐρανοῖς καὶ ἐπὶ τῆς γῆς, ἐν τῷ Χριστῷ berechnet gewesen sey. Mit einem Worte: welches ist das Ideal, das vor dem Prophetenauge des Apostels stand und dessen Realisirung er von der Stunde erhofft, da Israel seinen Eingang in das Reich Christi genommen haben wird? Es ist die in Christo Jesu geeinte Welt!

---

dem Gedanken an eine fernere keryktische Wirksamkeit, namentlich an eine Mission im entlegeneren Occident nachweislich entsagt. Festgehalten hat er dagegen das Ideal, welches er was die Zukunft des Reiches Jesu auf Erden anbetrifft, in seiner Seele trug. Schärfer, entschiedener, präcisirter entfaltet er dasselbe den Ephesern, als er diess den Römern gegenüber gewagt hat. Allen Ereignissen, allen Thatsachen seiner Gegenwart zum Trotz behauptet er in unerschütterter Glaubensgewissheit, was er auf Grund der ἀποκάλυψις κυρίου erkannt, erwogen und begriffen hat.

2. Die geeinte Welt.

Von einer Welt, welche in Christo zu der Einheit ihrer Constituenten kommen soll, ist die Rede. Es ist ein andrer Begriff, in welchem Paulus versirt, als welcher in der vulgären Sprechweise Geltung hat. Nicht die Welt hat der Apostel im Auge, wie sich dieselbe in zahlreichen den Erdkreis bevölkernden durch Sitten und Sprachen gesonderten Nationen verfasst;[78]) sondern es ist der religiöse Gesichtspunkt, von welchem seine Definirung sich leiten lässt. Er meint jene civitas Dei, welche Augustinus in seinem berühmten Werke so herrlich beleuchtet hat. Die Constituenten der dahin verstandenen Welt waren für den Paulus nur zwei: das Heidenthum und das Judenthum. Beide sind einander fremd; beide, Jakob und Esau, Israel und Edom, sind sich gegenseitig feind. Welche Macht ist stark genug, dass sie eine Kluft dieser Art überbrückt? In Christo, so lehrt der Apostel, ist das vereinigende Band offenbar. Denn dahin hat er sich in

---

[78]) Einmal und nur diess Eine Mal hat auch Paulus diesen vulgären Begriff der Welt in Verwendung gebracht. Auf dem Marktplatz zu Athen spricht er von den verschiedenen Völkern, welche ἐπὶ πᾶν τὸ πρόςωπον τῆς γῆς zerstreut τὰς ὁροθεσίας τῆς κατοικίας αὐτῶν behaupten.

der Schrift an die Epheser (Cap. 2, 14—18) erklärt: „Χριστός
ἐστιν ἡ εἰρήνη ἡμῶν, ὁ ποιήσας τὰ ἀμφότερα ἕν, ἵνα τοὺς
δύο κτίσῃ ἐν ἑαυτῷ εἰς ἕνα καινὸν ἄνθρωπον, καὶ ἀποκαταλ-
λάξῃ τοὺς ἀμφοτέρους ἐν ἑνὶ σώματι τῷ θεῷ, τὴν ἔχθραν
ἀποκτείνας καὶ προσαγαγὼν τοὺς ἀμφοτέρους, τοὺς μακρὰν
καὶ τοὺς ἐγγύς, ἐν ἑνὶ πνεύματι πρὸς τὸν θεόν." Wir wissen,
was unter den ἀμφότεροι, was unter den οἱ δύο zu verstehen
ist. Wir wissen auch, worauf es hinauswill mit dem ἕν, mit
dem εἰς καινὸς ἄνθρωπος, und mit dem ἓν σῶμα, mit dem ἓν
πνεῦμα. Und wir beugen unsre Knie vor dem βάθος πλούτου,
καὶ σοφίας καὶ γνώσεως τοῦ θεοῦ, vor dieser Tiefe, aus welcher
der grosse Gedanke des Apostels seinen Ursprung genommen
hat. Gleichwohl bricht die Frage des Befremdens hervor: wie
kann doch Paulus, was er in den Tiefen der Gottesweisheit
gelesen hat, der Gemeinde als eine schon vollendete Thatsache verkündigen? mit welchem Rechte hat er dasselbe, als
wäre es bereits vorhanden, mit fröhlichem Aufthun des Mundes proklamirt? Er schreibt an die Corinther (I. 12, 13):
ἐν ἑνὶ πνεύματι ἡμεῖς πάντες εἰς ἓν σῶμα ἐβαπτίσθημεν, εἴτε
Ἰουδαῖοι εἴτε Ἕλληνες, εἴτε δοῦλοι εἴτε ἐλεύθεροι, καὶ
πάντες εἰς ἓν πνεῦμα ἐποτίσθημεν: allein griff das Gleiche im
ganzen Umfange der Kirche Platz? Er erschliesst der Gemeinde zu Rom (vgl. Röm. 15, 6) das Bild voller Lieblich-
keit „ἵνα ὁμοθυμαδὸν ἐν ἑνὶ στόματι[79]) δοξάσωσιν τὸν θεὸν καὶ
πατέρα τοῦ κυρίου ἡμῶν Ἰησοῦ Χριστοῦ": wer aber vernahm
zur Zeit den harmonischen Klang aus dem Munde der ἀμφό-

---

[79]) Die Worte ὁμοθυμαδὸν ἐν ἑνὶ στόματι hat Bengel richtig
in der Note „Judaei et Gentes" zu erfassen gewusst.

τερоι? Hat es an einem solchen nicht namentlich in Rom unzweifelhaft gefehlt? Allerdings sind es Ideale, in welchen das Herz und das Auge des Apostels versirt. Allein blosse Traumgesichte hat sein heller von der Wahrheit durchleuchteter Geist nicht zum Ausdruck gebracht. Die Aussichten, die er genommen hat. haben eine solide Grundlage, und ihre Verwirklichung hat eine göttliche Bürgschaft gehabt. Wohl war sie tief, die Kluft, welche Heiden und Juden von einander gesondert hat [80]). Aber zum Ersten: es war der gleiche Massstab, nach welchem das göttliche Urtheil die Einen wie die Andren gemessen und getroffen hat. „Οὐκ ἐστιν διαστολή, πάντες γὰρ ἥμαρτον καὶ ὑστεροῦνται τῆς δόξης τοῦ θεοῦ". „Προητιασάμεθα Ἰουδαίους τε καὶ Ἕλληνας πάντας ὑφ' ἁμαρτίαν εἶναι". „Πάντες ἐξέκλιναν, ἅμα ἠχρειώθησαν" (Röm. 3, 12; vgl. 2, 9). Und zum Andern: es ist eine und dieselbe Gnade, die sich Beiden, den Juden und den Heiden, die Unterschiede nivellirend entboten hat. Röm. 10, 12: οὐκ ἐστιν διαστολὴ Ἰουδαίου τε καὶ Ἕλληνος, ὁ γὰρ αὐτὸς κύριος πάντων εἰς πάντας πλουτῶν. Endlich zum Dritten: es ist Eins und dasselbe, was Heiden und Juden als ihr rettender Anker gewiesen wird. der Glaube an Jesum als den Christ. Haben Juden und Heiden diese köstliche Perle gefunden, haben Beide durch den Glauben die Stufe der δικαιοσύνη θεοῦ erreicht, die περιτομὴ ἐκ τῆς πίστεως, die ἀκροβυστία διὰ τῆς πίστεως [81]): dann ist die

---

[80]) So hat Bengel das Verhältniss dieser ἔχθρα definirt: „Judaei gentes abominabantur: Gentes pro ludibrio habebant Judaeos."
[81]) Allerdings gewinnt es den Schein, dass in der gewichtigen Stelle Röm. 3. 30 „ἐπείπερ εἷς ὁ θεὸς ὃς δικαιώσει περιτομὴν

Frage erlaubt. wo ist noch eine διαστολή? Und ein „ἐξε-
κλείσθη" darf die Antwort seyn. Die gleiche Sünde, die
gleiche Gnade, der gleiche Glaube (μία πίστις Ephes. 4, 5):
führwahr, da sind die ἀμφότεροι zu Einem σῶμα geworden[82]),
und eine εἰρήνη ὑπερέχουσα πάντα νοῦν ist der Effekt.
Israel freilich hat den Glauben an Christum Jesum abgelehnt. „Οὐχ ὑπετάγη τῇ δικαιοσύνῃ τοῦ θεοῦ" Röm. 10. 3.
Der Hass der Juden ebenso gegen das Heidenthum wie gegen
die heidenchristliche Kirche behielt Bestand. Aber tief und
fest ist der Apostel davon überzeugt, dass ihre πώρωσις nur

ἐκ πίστεως καὶ ἀκροβυστίαν διὰ τῆς πίστεως" die beiden Präpositionen aus einander treten. Es ist diess aber in der That ein
blosser Schein. Diejenigen Ausleger befinden sich im vollen Rechte,
welche wie Calvin und Fritzsche den Schwerpunkt ausschliesslich auf
den Glauben legen und die Präpositionen in keine Beachtung ziehen.
„Εἷς θεὸς, μία πίστις": darin steht der Nerv. Dass sich der
Apostel was Israel betrifft der Präposition ἐκ bedient hat. diese
Thatsache erklärt sich aufs Befriedigendste aus dem Umstand, dass
er die mehrfach (Röm. 1. 17; Galat. 3. 11) von ihm citirte, auf
dem Grunde von Genes. 15. 6 ruhende Stelle des Propheten Haba-
kuk (Cap. 2. 4 „ὁ δίκαιος ἐκ πίστεως ζήσεται") im Auge gehabt
hat und derselben gerecht geworden ist.

[82]) Wir stellen die Fälle zusammen. in welchen der Apostel
den verschwindenden Unterschied constatirt. Sie gehören zumeist
dem an die Galatischen Gemeinden gerichteten Briefe an. Vgl. Galat. 3. 28: οὐκ ἔνι Ἰουδαῖος οὐδὲ Ἕλλην, πάντες γὰρ ὑμεῖς
εἷς, ἐν σῶμα. ἐστὲ ἐν Χριστῷ Ἰησοῦ. Cap. 5, 6: ἐν Χριστῷ
οὔτε περιτομή τι ἰσχύει, Cap. 6, 15 τι ἔστιν, οὔτε ἀκροβυστία,
ἀλλὰ καινὴ κτίσις. Vgl. ferner die gleichlautende Stelle 1. Cor.
7. 19. die ihren Abschluss in den Worten nimmt: ἀρχαῖα παρ-
ῆλθεν, ἰδοὺ γέγονεν καινὰ τὰ πάντα.

eine zeitweilige, nur eine ἀπὸ μέρους bestehende sey. Er
rechnet nicht auf den Prozess einer menschlichen Entwickelung;
sondern auf das Eingreifen der allmächtigen Gotteshände hat
er seine Hoffnung gebaut. Gott schafft das Wollen dem hart-
näckigen Widerstreben zum Trotz; Gott wirkt das Vollbrin-
gen, selbst wo die trostloseste Schwachheit zu Tage liegt.
Paulus weiss es in absoluter Gewissheit, die ἀποκάλυψις
κυρίου hat es ihm geoffenbart, eine Stunde wird schlagen, er
kennt, er berechnet sie nicht, sie ruht in der ἰδία ἐξουσία des
Vaters, da tritt ein Umschlag ein, den Niemand erwartet und
geahnet hat. Aus seiner πώρωσις wird Israel erwachen, es
tritt in die Räume der Kirche ein. Und was wird geschehen,
wenn das grosse Licht, das εἰς ἀποκάλυψιν ἐθνῶν erschienen
ist, auch εἰς δόξαν λαοῦ Ἰσραήλ wird gediehen seyn? Dann
wird sich, wie diess der Apostel Röm. 15. 10 mit dem Jubel
seiner Seele kommen sieht, das Wort des Moses, dessen
Schwanengesang, dessen Scheidegruss erfüllen: εὐφράνθητε
ἔθνη μετὰ τοῦ λαοῦ αὐτοῦ.[83]) Wir können es allerdings

---

[83]) Die letzten Klänge des Mosaischen Scheidegesanges Deuteron. 32, 43 sind allerdings nicht ohne Schwierigkeit. Wie der Urtext auszulegen sey, daran wird zur Zeit zwar ein Zweifel nicht mehr
gestattet seyn. Die Interpretation von Dillmann (vgl. Comm. zum
Deuteron. S. 412) rechtfertigt sich selbst. „Preiset, ihr Nationen,
sein Volk, weil dessen Gott ein solcher ist“. Allein der Apostel
hat nicht den Urtext citirt, sondern dessen von der LXX beliebte
Version. Und dahin hat diese gelautet: εὐφράνθητε, ἔθνη, μετὰ
τοῦ λαοῦ αὐτοῦ. Es ist das μετά, worauf es dem Apostel an-
gekommen ist; es ist der Zusammenklang, die Harmonie des Gottes-
lobes, welches dem jüdischen und dem heidnischen Munde im gleichen Tone entquellen wird.   •

nicht ermessen, aber wir können es ahnen, mit welcher Freude
im heiligen Geiste ein Paulus sich in dieser Aussicht ergangen
hat. Eine ἐλπίς hat er bekannt, die unablässig in seinem
Herzen war; eine Hoffnung hat er bezeugt, die ihm über die
innere Zerrissenheit hinweggeholfen hat: hier handelt es sich
nicht um schmerzliche Gefühle und um Tröstungen, die sie
bannen können; sondern hier ist es ein unaussprechlich und
unermesslich grosser Gedanke, der seinen Geist zur höchsten
Stufe der Befriedigung erhoben hat. Geschieht es, dass Israel
und die Völkerwelt ἐνὶ στόματι den Gott anbeten, von welchem, durch welchen, zu welchem alle Dinge sind: dann ist
die Welt nicht mehr zerklüftet und zertrennt, sondern zu einer
οἰκοδομή haben ihre Constituenten sich vereint, in welcher
Gott seine Wohnung bei den Menschen hat.[84]) Die ἀμφότεροι sind ein ἕν, hinweg ist das μεσότοιχον φραγμοῦ, getödtet
ist die ἔχθρα, Christus ist τὰ πάντα ἐν πᾶσιν. Das Räthsel
„Ein Hirt und Eine Heerde" ist gelöst. Das Christenthum
ist zur Ehre Gottes des Vaters die Religion der Welt geworden.

Wie tief und wie innig der Apostel von der Grösse und

---

[84]) Wir haben uns darüber erklärt, in welchem Sinne in dem
gegenwärtigen Zusammenhange der Begriff der Welt zu verstehen
sey. Der Herr spricht zu dem Nikodemus: also hat Gott die Welt
geliebt, dass er seinen eingeborenen Sohn gegeben hat. Und so
schreibt der Apostel: Gott war in Christo τὸν κόσμον καταλλάσ-
σων ἑαυτῷ. Wir nennen sie nicht irrig, die Definirung von Bengel
„sunt homines sub coelo, etiam perituri". Handelt es sich aber um
die Constituenten des κόσμος, so behält unsere Antwort ihren gesicherten Bestand.

dem Gewicht des Gedankens, den er bewegt hat in seinem
Geiste, durchdrungen war: das liegt in den Sendschreiben zu
Tage, die er aus seiner Gefangenschaft nach dem Orient hin
erlassen hat. Vielleicht ist es vor Allem das erste Capitel
des Colosserbriefes, welches seine Empfindungen am treuesten
dokumentirt. Aber er hat gewünscht, dass namentlich auch
die Römische Gemeinde dieselben mit ihm theile. Zwar aus
den uns vorliegenden drei Capiteln bricht eine Lebhaftigkeit
dieses Wunsches noch nicht hervor. Es ist ein lehrhafter,
auf die Ueberzeugung berechneter Ton, welcher sie beherrscht.
Aber an einem späteren Orte nimmt Paulus den abgebrochenen
Faden wieder auf. Und da wandelt er seine Stimme; sein
Anliegen wird dringender, seine Sprache wird ernster, sie
streift hin und wieder an den Tenor des Galaterbriefes an.
Wir nehmen allerdings von den Schlussworten des elften Capitels den Eindruck dahin, dass der Apostel mit dem be-
handelten Gegenstande zu Ende gekommen sey. Der Erguss
seiner Anbetung ist einem laut tönenden Amen gleich. Die
ethische Parthie, die im zwölften Capitel zur Betrachtung gelangt, beschreitet ein ganz differentes Terrain. Sie trägt einer
Gewohnheit Rechnung, die er in allen seinen Sendschreiben
zu ihrer Geltung kommen lässt[85]). Aber kaum hat er diesem

---

[85]) Wir haben an seinem Orte jeden Zusammenhang zwischen
dem Schlusse des achten Capitels und zwischen dem nachfolgenden
Abschnitt abgelehnt. Wir weisen auch jetzt jeden Versuch zurück,
welcher das Ende des elften Capitels mit dem Anfang des zwölften
zu verknüpfen unternimmt. Die Partikel οὖν Cap. 12, 1 giebt zu
einem solchen Beginnen kein Recht. Bengel hat ganz richtig bemerkt „solet Paulus hortationes ponere post dogmata antea tractata;

mehr praktischen seiner seelsorgerischen Tendenz immanenten
Interesse Genüge gethan: da greift er von Neuem, aber mit
gesteigerter Energie, auf ein Thema zurück, das ihm grade
der Römischen Gemeinde gegenüber von höchster Bedeutung
gewesen ist. Das eben so sinnvolle wie mächtige fünfzehnte
Capitel erschliesst nicht allein die Tiefe des apostolischen
Gemüths, sondern auch die Gewalt eines Geistes, welcher von
oben her durchleuchtet worden ist. Dem entsprechend will
dasselbe auch gewürdigt seyn.[86]) Wir kennen kaum einen
andren Fall, in welchem Paulus seine apostolische Autorität
mit gleichem eigenen Selbstgefühl und mit gleicher siegreich
überwindender Kraft für Andre zum Ausdruck bringt, vgl.
Cap. 15, 17 ff. Anerkennen sollen seine Leser, was er ihnen
gesagt hat; glauben sollen sie, was ihm selbst ἐν μυστη-
ρίῳ, κατὰ ἀποκάλυψιν κυρίου offenbar geworden ist. Sie sollen

---

und es ist eine glückliche Parallele gewesen, wenn der gewiegte
Exeget auf die buchstäblich gleichlautende Formel Ephes. 4. 1 verwiesen hat „παρακαλῶ οὖν ὑμᾶς ὁ δέσμιος ἐν κυρίῳ". Aber
das räumen wir nicht ein, dass zwischen den Ermahnungen des
zwölften und dreizehnten Capitels und zwischen dem voraufgehenden
Abschnitt ein Znsammenhang erkennbar sey. Und noch weniger erkennen wir es an, dass das fünfzehnte Capitel auf das gesammte
jetzt vollendete Schreiben rückwärts blicken heisst. Das fünfzehnte
Capitel will durchaus nur auf den Abschnitt Cap. 9—11 bezogen
seyn.

[88]) Unter den Neueren hat Niemand diese Würdigung mit so
gerechter Wage vollzogen. wie diess durch Schleiermacher geschehen
ist. Der verewigte Theologe hat es in einer meisterhaften Predigt
gethan. Wer aber achtet derselben heut zu Tage noch; ja wer
kennt sie auch nur!

es anerkennen; aber es soll nun auch die Direktive ihrer Anschauungen, ja auch nicht minder deren praktischer Conse-
quenzen seyn. Einer Zukunft sollen sie entgegen sehen, wie
er selbst einer solchen gewärtig ist; und ein Verfahren sollen
sie daraufhin inne halten, wie sich dasselbe für Harrende. wie
es sich insonderheit für eine harrende Christengemeinde
gebührt.

3. Die harrende Gemeinde.

Es sind zwei Begriffe, in deren Sphäre der Apostel sich im fünfzehnten Capitel bewegt. Er spricht von der ἐλπίς und er handelt von der εἰρήνη. Mit der Zukunft hat es die Hoffnung, mit der Gegenwart hat es der Friede zu thun. Licht ist die Zukunft für den Hoffenden, fröhlich schaut derselbe in die Ferne hinaus. Dort im fünften Capitel unseres Briefes, wo Paulus den Verlauf des individuellen Heils beleuchtet und verfolgt. dort hat er der Hoffnung die oberste Stufe der Skala zuerkannt. Ἡ ἐλπὶς οὐ καταισχύνει, τῇ ἐλπίδι ἐσώθημεν. Hier im fünfzehnten Capitel hat er nicht die allgemeine Hoffnung des christlichen Gemüths, sondern eine sehr bestimmte besondere in's Auge gefasst, aber doch insofern, als auch sie ihrerseits von dem Glanze des umfassenden allgemeinen Begriffs durchleuchtet erscheint. Stellen wir seine Aeusserungen darüber zusammen. So schreibt er Cap. 15, 4 ff.: „Ὅσα προεγράφη, εἰς τὴν ἡμετέραν διδασκαλίαν προεγράφη, ἵνα διὰ τῆς ὑπομονῆς καὶ τῆς παρακλήσεως τῶν γραφῶν τὴν ἐλπίδα ἔχωμεν, καὶ ἵνα ὁμοθυμαδὸν ἐν ἑνὶ στόματι δοξάζητε τὸν θεὸν καὶ πατέρα τοῦ κυρίου ἡμῶν Ἰησοῦ Χριστοῦ". Und wiederum Cap. 15, 13: „ὁ θεὸς τῆς ἐλπίδος πληρῶσαι ὑμᾶς πάσης χαρᾶς καὶ εἰρήνης ἐν τῷ πιστεύειν, εἰς τὸ περισσεύειν ὑμᾶς ἐν τῇ ἐλπίδι ἐν δυνάμει πνεύματος ἁγίου." Er lässt sich nicht übersehen, der Artikel, welcher der ἐλπίς consequent beigefügt erscheint[87]). Er qualificirt den Begriff für ein begrenztes Gebiet. Eine andre kann diese bestimmte Hoffnung nicht seyn, als diejenige, die der Apostel C. 11, 26 gedeutet hat. Es ist die Aussicht auf Israels einstige Bekehrung, auf den Eintritt des ἀπὸ μέρους verblendeten Volks in die Kirche des Herrn.

Wir können es nicht erwarten, und Paulus selbst hat sich dessen schwerlich versehen, dass die Gemeinde in Rom jene ἐδύνη mit ihm theilen wird, deren er allerdings gegen sie geständig gewesen ist. Bis dahin aber hat sein gutes Recht gereicht, dass auch sie jene Hoffnung mit ihm hegen soll, welche sein eigener Trost in seiner Herzensnoth geworden war. So viel Theilnahme war sie den Gefühlen seines Gemüths, so viel Respekt war sie dem Apostel der Heiden schuldig; dazu war sie ganz eigentlich von Seiten der höchsten Autorität verpflichtet, von der Autorität der heiligen Schrift. „Διὰ τῆς ὑπομονῆς καὶ τῆς παρακλήσεως τῶν γραφῶν soll es geschehen, dass ein περισσεύειν ἐν ταύτῃ τῇ ἐλπίδι in ihrer Mitte Wohnung nimmt. „Περισσεύειν“: das überfliessende Mass, welches das Verbum zu bezeichnen pflegt, beschliesst die Bedenken der Vernunft in seinen Sieg. Wie immer das empirische Judenthum beschaffen sey: trotz aller seiner Schäden und Mängel bedingt es die Klippe nicht, welche die Hoffnung mit Gefahr und deren Erfüllung mit einem Schiffbruch bedroht. Eine ῥίζα, eine Wurzel, hat der Apostel, vermuthlich auf Grund der bekannten Jesajastelle. Israel, das auserwählte

---

[87]) Auch Bengel hat demselben seine Aufmerksamkeit geschenkt. „Observandus articulus“ so hat er bemerkt. Dessen Tragweite zu ermessen, dazu hat er sich allerdings nicht veranlasst gesehen.

Gottesvolk, zu nennen geliebt. Und dass es diese Wurzel sey, von welcher sie getragen werden: das ist es, was er die Christen aus dem Heidenthume wissen heisst. Οὐ σὺ τὴν ῥίζαν βαστάζεις, ἀλλ᾽ ἡ ῥίζα σε" (Röm. 11, 18). Abraham ist ihr Vater, Sarah ist ihre Mutter und κατὰ Ἰσαάκ sind sie Kinder.⁸⁸) Ein Volk dessen Wurzel sich so fruchtbar erwiesen hat, es sollte ohne Zukunft seyn? „Ἀμεταμέλητα τὰ χαρίσματα καὶ ἡ κλῆσις τοῦ θεοῦ" Röm. 11, 29. So manche Nation ist nach mehr oder minder langer Blüthe, nach mehr oder minder rapidem Verfalle vom Angesicht der Erde verschwunden und ihre Stätte kennet sie nicht mehr. Israel. obwohl stättelos, obwohl heimathlos, hat sich mit zäher Lebenskraft zu behaupten gewusst. Der prophetische Werth der Thatsache ist nicht zweifelhaft. Unter allen Umständen ist es der Wunsch und Wille des Apostels, dass seine Leser die Hoffnung auf Israels Zukunft bewahren. Der grosse Gedanke soll ihr Hochgefühl und ihre Freude seyn, dass, wenn die ἀποκαταλλαγή τῶν ἀμφοτέρων ἐν ἑνὶ σώματι vollendet, wenn Christus τὰ πάντα ἐν πᾶσιν wird geworden seyn. dass dann die geeinte Welt zur Ehre Gottes in Erscheinung treten wird. O er hat den Ausspruch verstanden und seine Leser sollen ihn mit ihm verstehen, den Ausspruch, den der Herr gethan hat, als er sein Werk auf Erden begann. Ein heidnischer Hauptmann trat bittend zu ihm herzu. Sein starker Glaube fand Gnade und Lohn. Der Herr aber spricht: es werden Viele kommen vom Morgen und vom Abend, und werden mit

---

⁸⁸) Vgl. Röm. 4, 1: τί ἐροῦμεν Ἀβραὰμ τὸν πατέρα ἡμῶν εὑρηκέναι. Gal. 4, 26: ἡ Σάρρα, τοῦτ᾽ ἔστιν ἡ ἄνω Ἱερουσαλήμ, ἐστιν μήτηρ ἡμῶν.

Abraham. Isaak und Jacob im Himmelreich zu Tische gesessen seyn!

Allein nicht darin ist die Intention des Apostels erschöpft, dass die Gemeinde seine Hoffnung mit ihm theile; sondern unmittelbar soll diese Hoffnung eine Frucht erbringen, die derselben zu einem unerwarteten Segen zu gedeihen vermag. Wir wenden uns dem zweiten Begriffe zu, welcher das fünfzehnte Capitel mit nicht minderem Nachdruck wie die ἐλπίς beherrscht. Es ist ein ungemein hoher Werth, welchen der Apostel überhaupt auf die εἰρήνη zu legen pflegt. Kein einziges Sendschreiben hat er erlassen, in welchem es an einer auf die Herstellung der Friedfertigkeit berechneten Entbietung gebricht. Auch der Brief an die Römer hat seine Würdigung dieser hohen Christentugend bezeugt. Vgl. Röm. 12, 18: „τὸ ἐξ ὑμῶν, μετὰ πάντων ἀνθρώπων εἰρηνεύετε"; „τὰ τῆς εἰρήνης εἰς ἀλλήλους διώκωμεν". Allein in dem vorliegenden Zusammenhange hat er den Begriff bestimmter und schärfer präcisirt. Er hatte den waltenden Gott als den θεὸς τῆς ἐλπίδος benannt: jetzt hat er denselben als den θεὸς τῆς εἰρήνης eingeführt. Vgl. Cap. 15, 33: ὁ θεὸς τῆς εἰρήνης μετὰ πάντων ὑμῶν. Cap. 15. 20: ὁ θεὸς τῆς εἰρήνης συντρίψει τὸν σατανᾶν ὑπὸ τοὺς πόδας ὑμῶν. Es war der Gott der Hoffnung, von welchem Israels künftiges Heil, dessen Aufnahme in die Kirche zu erwarten stand: es ist der Gott des Friedens, welcher die normale Stellung zu diesem Volke lichtvoll gezeigt und scharf bestimmt gefordert hat. Schon aus dem vierzehnten Capitel geht das gute Recht dieses Bezuges hervor. Allerdings, nicht von dem eigentlichen Judenthum, sondern von Judenchristen ist in demselben die Rede, von Christen, die der Römischen Gemeinde als deren Glieder zugehörig gewesen sind.[89]) Sie befanden sich in der Minorität; sie standen unter einem Druck. Ἀσθενεῖς τῇ πίστει: so hat Paulus selbst sie charakterisirt. Sie konnten von den jüdischen Sitten und Gepflogenheiten nicht lassen; und diejenige Concession war ihnen nicht genug. die dort auf dem Convent zu Jerusalem den Gefühlen des Judaismus Rechnung trug. Paulus ermahnt die Römer, sie, die δυνατοί, sollen die ἀσθενήματα τῶν ἀδυνάτων tragen; sie sollen nicht sich selbst gefallen. „καθὼς καὶ ὁ Χριστὸς οὐκ ἤρεσεν ἑαυτῷ", ἀλλὰ „τὰς ἀσθενείας ἡμῶν ἔλαβεν καὶ τὰς νόσους ἐβάστασεν." Allein nicht auf die Judenchristen im Gemeindebereich hat sein Blick sich eingeschränkt; sondern dieser Blick erweitert sich ihm. er erfasst das Judenthum überhaupt. Auch diesem Judenthum soll die christliche Gemeinde in der Stimmung und in dem Verhalten der εἰρήνη gegenüberstehen. In der εἰρήνη! Wahrlich, er hat damit mehr gemeint und mehr gewollt, als eine in die Augen fallende Verträglichkeit, mehr als als einen modus vivendi rein äusserlicher Art. Eine innere Stellung hat er begehrt, welche dem Begriffe sein volles Recht widerfahren lässt. Er kann diese Stellung verlangen und sie lässt sich erreichen. falls sich die εἰρήνη auf dem soliden Fundamente der Hoffnung erbaut. „Εἷς ὁ θεός. ὁ θεὸς τῆς ἐλπίδος καὶ ὁ θεὸς τῆς εἰρήνης." Als einen Mangel hat der Apostel es empfunden,

---

[89]) Die von einem neueren Theologen geäusserte Vermuthung, dass es die Essener seyen, die der Apostel im Auge gehabt, entbehrt jeder exegetischen und historischen Indikation. In einem dritten Theile der gegenwärtigen Schrift. welcher auf Grund des vierzehnten Capitels die adiaphoristische Streitfrage zu beleuchten gedenkt, wird davon des Näheren die Rede seyn.

falls es innerhalb der Gemeinde an dieser auf die Hoffnung basirten εἰρήνη fehlt. Hören wir, wie er denselben im elften Capitel aufgewiesen hat. „Μὴ ὑψηλοφρόνει“ „μὴ κατακαυχῶ“ (Röm. 11, 18. 20)[90]). Allerdings, τῇ πίστει ἑστήκατε. μεστοί ἐστε ἀγαθωσύνης, πεπληρωμένοι πάσης γνώσεως. Allerdings, euer Glaube findet Anerkennung in der ganzen Welt. Allein „ὁ δοκῶν ἑστάναι βλεπέτω μὴ πέσῃ“ (1. Cor. 10, 12). Stolz und Sicherheit steht euch nicht zu; Israel zu verachten, ἐξουθενεῖν, καταφρονεῖν, dazu seid ihr nicht befugt. Schauet rückwärts. Seyd der Väter eingedenk. Um der Väter willen sind die Israeliten ἀγαπητοί, und nicht das allein, sondern sie sind auch ἅγιοι, gleich wie die πατέρες ἅγιοι gewesen sind.[91]) Schauet wiederum nach vorn. Gott hat mit diesem Volke noch Etwas vor. Seine Geschichte ist noch nicht aus. „Πᾶς Ἰσραὴλ σωθήσεται.“ Ist euer Rückblick von der Besonnenheit und Nüchternheit, ist euer Ausblick vom hoffenden Glauben bestimmt: so kann sie nicht zweifelhaft seyn, die innere Stellung, welche euch gebührt. Φοβοῦ, so ermahnt der Apostel Röm. 11, 20. In diesem φόβος soll der Unmuth gegen Israel zu Ende gehen. „Φοβεῖσθε, καὶ μετὰ φόβου καὶ τρόμου τὴν ὑμῶν σωτηρίαν κατεργάζεσθε“.[92])

---

[90]) Schon jetzt muss Paulus in der Christenheit zu Rom die Keime jener anmasslichen Ueberhebung wahrgenommen haben, welche die Signatur des späteren Romanismus geworden und geblieben ist. „Ich sitze und bin eine Königin, ich werde keine Wittwe seyn und Leid werde ich nicht sehen“.

[91]) Vgl. Röm. 11, 16: „εἰ ἡ ῥίζα ἁγία, καὶ οἱ κλάδοι, καὶ εἰ ἡ ἀπαρχὴ ἁγία, καὶ τὸ φύραμα“.

[92]) Diese einschneidende in dem Philipperbriefe verlautende

Wir haben die Anschauungen zu ermitteln versucht, die
der Apostel über einen hochwichtigen Gegenstand in seinem

Ermahnung wendet sich dort allerdings an die Individuen. In
unserem Römerabschnitt ergeht ihre Adresse und zwar bis zur Stufe
der Drohung verschärft an die Gemeinde überhaupt. Zu einer
Warnung soll derselben die ἀποτομία gereichen, mit welcher Gott
seinem auserwählten Volke entgegengetreten ist. Φοβοῦ, dazu hält
der Apostel sie an, μήπως οὐδέ σου ὁ θεὸς φείσεται, φοβοῦ,
ἐπεὶ καὶ σὺ ἐκκοπήσῃ. Man kann diese ernsten vollwichtigen
Worte nicht lesen, ohne dass man mit banger Sorge auf der evangelischen Kirche unserer Gegenwart, auf deren unsagbar herabge-
drücktem inneren Vermögen und auf deren schmerzlich bedrängter
äusseren Situation beruht. Inständig, fussfällig, möchte man sie
bitten und beschwören, dass sie das einzige Rettungs- und Be-
wahrungsmittel ergreife, welches ihr Paulus mit sonnenklaren Worten
gewiesen und anempfohlen hat. „Ἐὰν ἐπιμείνῃς τῇ χρηστότητι“
(Röm. 11, 22), das ist der Anker der Hoffnung und des Heils.
Hinweg mit blossen Phrasen, herbei mit dem praktischen Ernst.
„Ἐπιμεῖναι“: darauf ruht hier wie 1. Tim. 1. 3. Cap. 4. 16 der
unzweifelhafte Ton. Was ist mit dem Anspruch gewollt? Treu soll
die Kirche bewahren und behaupten, was sie empfangen, was sie er-
worben und errungen hat. Und nicht vergeuden soll sie ihre Ideale
an Mächte, in deren Schoosse denselben ein unzweifelhafter Untergang droht. Aber heisst das ἐπιμεῖναι τῇ χρηστότητι θεοῦ, wenn
man ein kirchliches Kleinod ersten Ranges, eine Errungenschaft der
von dem heiligen Geiste geleiteten Kirche. „ἔδοξεν πνεύματι ἁγίῳ
τε καὶ ἡμῖν“, wenn man das Apostolikum, diess γνώρισμα
χριστιανῶν von Alters her, kraft dessen alle christlichen Gemeinden
auf dem Erdenrunde mit einem Kirchenvater zu reden ὡς ἕνα οἶκον
οἰκοῦσαι erscheinen, wenn man diess Wunderwerk kritisirt, zerpflückt,
missdeutet und dasselbe um seine Bedeutung und Autorität zu bringen
versucht? Nur mit tief innigstem Seelenschmerz können wir es verfolgen, wenn man ein heiliges Geisteswerk, diess schlechthin unent-

Geiste getragen hat. Wir haben das Verdikt vernommen, das
er in Betreff einer Frage, die unsere Gegenwart so lebhaft

---

behrliche Fundament der sonntäglichen christlichen Andacht, der
feiernden Gemeinde zu entziehen sucht, wenn man den Clerus von
der Autorität desselben entbindet und ihn eben dadurch auf den
Charakter christlicher Geistlichen verzichten heisst, wenn man in
Folge dessen die Ordination zu einer äusserlichen Cäremonie her-
niederdrückt. Man versichert wohl, dass die Zustimmung zu den
evangelischen Bekenntnissen, zur Augsburger Confession insonderheit,
einem Ordinanden nicht erlassen wird. Aber selbst Ritschl hätte
der Augustana sein „subscripsi" niemals versagt. Darauf kommt es
inzwischen an, dass das Gelöbniss auf dem Grunde und auf der
Voraussetzung des Apostolicum ruht. Es will nicht vergessen und
nicht verschwiegen seyn, dass die Concordia ecclesiae evangelicae an
ihrer Spitze diess Symbolum trägt, zum Zeugniss, dass alles Weitere
von daher seine Direktive nimmt. — Wir kehren zu der Mahnung
und Warnung des Paulus, zu seinem Worte „ἐὰν ἐπιμείνῃς τῇ
χρηστότητι" zurück. Wir fragen abermals: ist das ein ἐπιμεῖναι,
wenn man die christlichen Ideale mit wirthschaftlichen Gedanken,
Plänen und Tendenzen verquickt, wenn man dieselben in diese hete-
rogene Sphäre hinüberspielt? Kühn und entschlossen geht man auf
dem neu ersonnenen Wege vor; kühner als ein Spalding, da er eine
noch immer mögliche „Nutzbarkeit des Predigtamts" vertrat; kühner
als neuerlich Rothe, da er seine Theorie von dem vollkommenen
Staate entwarf. In ein weltförmiges Christenthum soll die Kirche
Jesu sich wandeln; in ein Christenthum, das namentlich den niederen
Schichten des Volks den Genuss der „christlichen Ideale" vermitteln
kann. Ja wenn diese Ideale· die ungewohnte Luft nur vertragen,
wenn sie in derselben nur nicht verkümmern bis zu ihrem Untergang.
Vielleicht sind die Füsse Derer, die sie begraben, schon vor der
Thür; ja vielleicht fehlt es selbst an Solchen nicht, welche bereits
in dem Geschäft dieser traurigen Bestattung rüstig bei der Arbeit
sind! Vor der Hand rauscht die Strömung wie es scheint in

beschäftigt und diese in steigender Erregung erhält. ἐν πνεύματι ἁγίῳ abgegeben hat. Unsere Aufgabe war eine exegetische. Unter Verleugnung aller eigenen Reflexionen haben
wir die Ansicht, die Entscheidung des Apostels klar gestellt.
Das Resultat der Untersuchung liegt vor. Dass unsere Auslegung irrig, willkürlich und von Voreingenommenheiten beherrscht gewesen sey: auf diesen Vorwurf sind wir nicht gefasst; er würde nicht verdient, er würde auch nicht zutreffend
seyn. Wohl aber ist es ein andres, ein weitergreifendes, mit
schwerem Gewicht in die Wagschale fallendes Urtheil, dessen
wir in der That nicht ohne Sorge gewärtig sind. Fritzsche
ist nicht der Einzige gewesen, welcher die Ausführungen des
Paulus, und diese in ihren wichtigsten Parthien, einer herben
Kritik unterworfen hat. Weit, weit ist freilich Strauss über
diesen Theologen hinausgegangen. Er nennt den Apostel
einen schwärmerischen Phantasten, dessen Ballon ihn in un-
gemessene Höhen emporgerissen hat. Ja in der neuesten Zeit
hat es an Solchen nicht gefehlt, nach deren Ansicht selbst Strauss
auf diesem Gebiete das Genügende noch nicht geleistet hat.
Nur der rücksichtslosesten Entschlossenheit kann es gelingen,
dass sie den grössten Theologen, welchen Gott der Kirche ge-

Siegesschritten einher. Niemand hält sie auf. Unsere Gegenwart
ist ernst, trübe und schwer, sie ist böse und bang. Da sollte in
der Kirche unsere Ruhe und unser Friede seyn. Und die Kirche
gewährt sie nicht. Was Wunder, wenn die Liebe zu derselben in
zahlreichen Gemüthern zu erkalten droht; und wie begreift es sich,
wenn ein tiefes Heimweh nach der πανήγυρις τετελειωμένων δι-
καίων, nach dem Ἱερουσαλήμ ἐπουράνιος zur Zeit die Signatur
der Frommen ist!

geben hat[93]). dass sie einen Paulus zu der tief unteren Stufe eines Schwärmers in erträumten Gesichten herabzudrücken

---

[93]) Das in der That ist die Würde, der „βαθμὸς καλός", den der Apostel eingenommen hat. Nur zu Einer Restriktion finden wir uns bereit. Nicht Paulus allein hat diese herrlich hohe Stufe erstiegen, sondern mit einem andren Organ des Reichs, mit dem Johannes hat er dieselbe getheilt. Mit dem Johannes: so sagen wir. Denn diesem Jünger hat die Kirche — es ist in sämmtlichen Handschriften des N. T., in der Ueberschrift der Apokalypse geschehen — den Namen des θεόλογος vindicirt. Schlechthin unentbehrlich sind der Kirche die Dienste der christlichen Theologie. Sie bedarf derselben zum Zwecke ihres Bestandes, sie bedarf ihrer namentlich in dem Interesse des Berufs, den sie überkommen hat, des Berufs, dass sie die Welt zu überwinden hat. Diejenigen ihrer Diener, die sich der Theologie entfremden, die vielleicht principiell die Fühlung mit derselben verschmähen, sie haben auf die Betheiligung an einer wesentlichen Mission der Kirche Verzicht gethan. Der Herr aber hat Vorsorge getroffen, dass es an diesem unerlässlichen Desiderat im Haushalt des Himmelreichs nicht gebrechen kann. Paulus und Johannes, diese Beiden, sie sind die Schöpfer, sie sind auch die Erhalter der christlichen Theologie. Auf ein Ereigniss innerhalb der evangelischen Geschichte machen wir aufmerksam. Unsere Deutung desselben muss allerdings des Spottes gewärtig seyn. Uns berührt jedoch in diesem Falle die Stimme Ismaels nicht, weil unsere Vermuthung für uns längst die Stufe der inneren Gewissheit erstiegen hat. Die Mutter der Zebedäiden erscheint vor dem Angesicht des Herrn. Sie hat eine Bitte. „Lass diese meine zween Söhne in deinem Reiche (ἐν τῇ βασιλείᾳ σου, Luk.: ἐν τῇ δόξῃ σου) den Einen zu deiner Rechten, den Andren zu deiner Linken gesessen seyn". Jesus weist ihr Anliegen zurück. Aber nur die Personenfrage hat er abgelehnt, nicht die Sache selbst. Deren gutes Recht hat er vielmehr insofern anerkannt, als er erklärt „τὸ καθίσασθαι ἐκ δεξιῶν μου καὶ ἐξ εὐωνύμων μου οὐκ ἔστιν ἐμὸν δοῦναι, ἀλλ' οἷς ἡτοίμασται ὑπὸ τοῦ πατρός

versteht. „Ἀλήθειαν λέγω ἐν Χριστῷ, οὐ ψεύδομαι:" mit diesen Worten hebt der Apostel das neunte Capitel an. Wir wissen es, dieser Eingang will der Schutz für die nachfolgende Versicherung seyn. Allein er darf mit vollstem Rechte an der Spitze einer jeden Erklärung stehen, die jemals aus dem gesalbten Munde eines Paulus gekommen ist. Wider die

---

μου". Und es ist die Geschichte, durch welche auch die Personenfrage zum Austrag gekommen ist. Zwei Gestalten hat sie zur Rechten und zur Linken des Verklärten aufgezeigt; den Johannes zur Linken, den Paulus zur Rechten, diese Theologen innerhalb der heiligen Schaar. Der Würde des Petrus tritt diese Anschauung nicht zu nah. Dessen ἰδία δόξα bleibt intakt. Es ist niemals abgesagt worden, das Wort, welches der Herr diesem Jünger entboten hat: „du bist Petrus, und auf diesen Felsen will ich meine Kirche bauen und die Pforten des Todes werden sie nicht überwältigen". Auf diesem Felsen ruht der Glaube der Gemeinde und der Glaube jedes Einzelgliedes in ihrem Verbande. Man braucht sie nur zu lesen, die auffallend gehäuften Ausdrücke στηρίξαι, καταρτίσαι, σθενῶσαι, θεμελιῶσαι 1. Petr. 5, 10: und die Bedeutung dieses Apostels erscheint gewahrt. Nur theologisch gerichtet waren weder seine Reden noch sein Brief. Nicht dazu war er gedingt. Das ist das Reservat, welches dem Paulus und dem Johannes aufbehalten worden war. Vom Anfang der Kirche her bis zum heutigen Tage haben die Beiden ihre Mission als die θεόλογοι in der Apostelzahl vollführt und sie werden ihre Stelle als solche behaupten allen Einsprüchen zum Trotz πάσας τὰς ἡμέρας ἕως τῆς συντελείας τοῦ αἰῶνος. Auch in unserem Capitelcomplex hat sich Paulus als den θεόλογος κατ᾽ ἐξοχήν manifestirt. Hier im gleichen Glanze wie in dem mächtigen zweiten Capitel des Philipperbriefes, wie in der tiefsinnigen Erklärung im fünfzehnten Capitel des ersten Corintherbriefes oder in dem dritten der Epistel an die Römer. Dank sey Gott für die Gaben seiner Hand.

Wahrheit kann er nichts; für die Wahrheit vermag er Alles. „Ἐν λόγῳ ἀληθείας, ἐν δυνάμει θεοῦ": das ist seine Devise allezeit und überall. Aber nicht der unwahren Täuschung, nicht der berechneten Lüge hat er diese ἀλήθεια entgegengestellt, sondern ebenso dem Schatten, dem Schein, dem wesenlosen Traum. Wir selbst haben es anerkannt, in Idealen hat er in unserem Abschnitt versirt; aber diese Ideale haben auf einem soliden Fundamente geruht. Von der ἀλήθεια τοῦ θεοῦ, von der Offenbarung des Herrn her, ist jedes Atom alles dessen durchweht. was er den Christen zu Rom eröffnet und entboten hat. Auf sich selbst hat er von dem grossen Axiom, das er einmal zur Geltung bringt „die Geister der Propheten sind den Propheten unterthan" in allererster Reihe eine Anwendung gemacht. Wir bitten unsere Leser schliesslich noch Einmal, zu den Füssen der Worte Stellung zu nehmen, mit welchen er den gewichtigen Abschnitt beendigt hat. „Ὦ βάθος πλούτου": in diese Exclamation bricht er aus. In diese Tiefe hat ihm die Gnade einen Einblick vergönnt. Er erschliesst was er geschaut hat der Gemeinde; sie, die hochbegnadigte Christenheit. wird ihn verstehen. Er spricht in einem Tone, welcher ihm sonst nicht geläufig gewesen ist. Er ist nicht doktrinärer Art. sondern im Chore der Anbetung hat er sich bewegt. Paulus hat in Zungen geredet. Das hat er sonst kaum noch einmal gethan, das verstiess sonst gegen sein prononcirtes Princip. Hier hat er eine Ausnahme gemacht; vielleicht ist es die hervorragendste die in seinen Briefen wiederkehrt. Hier kann er nicht umhin. er lässt seinem Genius freien Lauf. Wer wagt es, mit den Waffen moderner Phrasen einem Erguss dieser Art entgegenzugehen? Wer bringt es fertig, dass er seine Knie nicht vor einem Manne

beugt. dessen Geist so sichtlich von dem Gottesgeist durchleuchtet war? Und man unterwindet sich. gegen ihn vorzugehen
mit einer menschlichen Kritik?⁹⁴) „Es ist mir ein Geringes.
dass ihr oder ein menschlicher Tag mich zu richten wagt".
So überwältigend. so übermächtig sind die grossen Schlussworte des Apostels. dass man nahezu auf den Gedanken ge-
räth. hier habe er die unmittelbar vorliegende Frage. der seine
bislang gepflogene Betrachtung gegolten hat. in den umfassenden Gedanken der allgemeinen göttlichen Weltregierung hin-
übergespielt. Inzwischen bewährt diese Vermuthung sich
nicht. Paulus wahrt die Schranken seiner Competenz. Innerhalb der religiösen Sphäre behält er seinen Stand. Durchaus
auf Israel beziehen sich die κρίματα καὶ ὁδοί. die er ἀνεξε-

---

⁹⁴) Gründlicher kann uns das Wagniss. den Apostel und seine
Aussprüche einer Kritik zu unterwerfen. nicht verleidet werden. als
diess durch die Abfertigung geschehen ist. die Paulus selbst einmal
einer Fraktion der Corinthischen Gemeinde angedeihen lässt. „Δο-
κιμὴν ζητεῖτε τοῦ ἐν ἐμοὶ λαλοῦντος Χριστοῦ": so fragt er. in
diesen Ausruf bricht er aus (2. Cor. 13. 3 ff.). „Eine Gewähr verlangt ihr. dass was ich sage von keinem Andren als von Christo
stammt?" Ein lebhafter Unwille bricht aus seiner Exclamation hervor.
Aber er versäumt es auch nicht. dass er die Leser von ihrem Ueber-
griff zu heilen sucht. Dessen wahren Grund deckt er ihnen auf.
„Mich wollt ihr prüfen? O ein ganz Andres thut bei euch Noth;
einem ganz andren Objekt sollte eure δοκιμή gewidmet seyn."
„Ἑαυτοὺς πειράζετε, εἰ ἐστὲ ἐν τῇ πίστει, ἑαυτοὺς δοκιμά-
ζετε, εἰ μήτι ἀδόκιμοί ἐστε". Nicht in ihm. sondern in ihnen
selbst ruhe die Ursache ihrer Gegnerschaft und der Gelüste ihres
Widerspruchs. In der That. der Apostel ist Mannes genug. dass er
mit seinen Widersprechern, wer sie auch seyen und von wannen sie
immer kommen. schon gründlich fertig werden wird.

ρεύνητοι καὶ ἀνεξιχνίαστοι nennt. Und in diesem selben Bezug will ebenso seine Frage „wer hat den νοῦς des Herrn erkannt und wer ist sein Rathgeber gewesen", wie auch der Rekurs verstanden seyn, welchen er auf die σοφία καὶ γνῶσις Gottes genommen hat. Seyen wir seine μιμηταί. Gleich ihm haben wir auf dem Glauben an die σοφία des waltenden Gottes zu beruhen! Und mit ihm sollen wir unsere Seele in dem Ausruf fassen, mit welchem er zum Frommen seiner unmittelbaren Leser und zum Frommen aller seiner Leser in der zukünftigen Zeit den ganzen Römerbrief geschlossen hat, in dem Ausruf: μόνῳ σοφῷ θεῷ διὰ Ἰησοῦ Χριστοῦ ἡ δόξα εἰς τοὺς αἰῶνας, ἀμήν.

J. F. Starcke, Berlin W